기분을 관리하면
당신도 잘 살 수 있습니다

Take Control of Your Depression: Strategies to Help You Feel Better Now

By Susan J. Noonan, MD, MPH

Published by arrangement with Johns Hopkins University Press, Baltimore, Maryland
through AMO Agency.
Korean translation rights © 2022 by Geuldam Publishing Co.

기분을 관리하면
당신도 잘 살 수 있습니다

수전 J. 누난 지음 | 류초롱 옮김 | 양용준 감수

날
아날로그

일러두기

- 이 책에 나온 정보는 자격 있는 의학 전문가의 조언보다 우선하거나 그것을 대체할 수 없다. 정신의학적 질병과 장애는 광범위한 종류의 증상과 임상적 경과를 보인다. 따라서 정신과적 질환과 장애의 진단 및 치료는 반드시 자격 있는 의학전문가와 상담해야 한다.

- 이 책에 실린 정보의 정확성을 보증하기 위해 기울인 모든 노력은 출간 시점에 적용된다. 저자와 출판사는 책에 포함된 정보의 사용이나 적용에서 일어나는 잘못된 결과에 대해 책임을 지지 않는다.

- 상담이 필요하다면 보건복지 희망 콜센터 129, 정신건강상담 핫라인 1577-0199, 청소년 상담전화 1388을 이용하라.

- 이 책의 일부 내용은 전문가의 감수를 거쳐 한국 내 상황에 맞게 수정, 보완되었다.

차례

Chapter 01 | ## 기본을 지키는 게 가장 어렵다
_정신건강의 기본수칙

Chapter 02 | ## 기분장애는 치료 가능한 질병이다
_기분장애에 대한 이해

Chapter
03

우울증이 곧 당신은 아니다
_우울증 치료를 방해하는 요인들

Chapter
04

원래의 내가 어떤 사람인지를 기억하자
_기저선 설정하기

Chapter 05 상황을 통제할 수 없다면 유연하게 적응하자
_기분장애 관리전략

Chapter 06 기분을 관리하면 당신도 잘 지낼 수 있다
_치료 목표 정하기

Chapter 07 매일 눈뜨는 것만으로도 당신은 용감한 사람이다
_재발방지 전략

Chapter 08

사고방식과 감정이 바뀌면 행동도 달라진다
_인지행동치료

Chapter 09

고통의 순간은 지나갈 것임을 잊지 말자
_힘든 시기를 지나는 법

Chapter
10

믿을 수 있는 사람의 지지야말로
가장 중요한 전략이다
_가족과 친구 대하기

상자·표·훈련자료 목록

상자

표와 훈련자료

오늘 내 마음 상태를 인정하는 것이
치유의 시작입니다

우울증 환자분들과 이야기를 나누다 보면 우울함뿐 아니라 의욕이 없어지고 무기력한 채 아무것도 하기 싫고 집에만 있고 싶다는 말을 많이 듣습니다. 이런 이유로 이 분들은 점점 사람을 만나지도 않고, 씻지도 않고, 누워만 있게 되며 침대 안에 갇혀서 살게 됩니다. 특히 코로나 시기에는 외출, 모임이 제한되고 더욱 사회적으로 위축되면서 이러한 상황이 악화되었습니다.

우울증이 만성화되면 슬프고 우울한 상태를 넘어서 멍하고 무력한 채로 지내게 됩니다. 많은 분들이 이런 증상 때문에 더욱 힘들어합니다. 그러면서 자책하게 되는 경우가 많습니다. 하지만 무기력감, 의욕 없음은 우울증 진단 기준 9가지 중 하나에 들어갈 만큼 많은 사람들이 겪는 증상입니다. 이것은 병의 증상에 따른 것일 가능성이 높고, 환자 개인의 성향이나 능력 때문이라고 보기는 어렵습니다.

우울증을 흔히 '마음의 감기'라고 합니다. 감기약은 안 먹더라도 폐렴은 꼭 항생제 처방을 받아야 하는 것처럼, 증상이 심각한 경우라면 약물 치료가 필요합니다. 의료진은 복약 이후로 다소 우울증 증상이 개선되면 이제 차츰 활동을 해보시는 게 어떻냐고 마음의 손을 잡고 일으켜 드린다는 자세로 상담을 합니다. 천천히 회복 정도에 맞추어 제안을 하고, 같은 정도의 증상이 있어도 먼저 일어나는 사람이 먼저 더 좋아진다고 조언합니다. 운동을 하면 약이나 상담만큼 효과가 있어 스트레스를 견뎌내는 호르몬, 신경전달물질 분비가 촉진되고 자존감과 자신감이 향상되면서 전반적으로 일상생활도 개선이 됩니다.

물론 이렇게 운동이나 일상생활을 규칙적으로 하면 좋다는 것은 누구나 잘 알고 있습니다. 그런데도 이렇게 식상한 이야기를 이 책에서는 새삼 매우 중요하게 다룰 뿐만 아니라 계속해서 반복합니다. 왜 그럴까요? 누구나 알고 있다고 생각하지만 진리가 몸으로 체득되지 않으면 내 것이 아닙니다. 뤽 베송 감독의 1994년작 영화 〈레옹〉에서 주인공 레옹은 매일 같은 시간에 기상해 같은 우유와 음식을 먹고 일상을 똑같이 유지합니다. 이는 자신의 신체 상태뿐만 아니라 감정선도 흔들리지 않고 유지하기 위한 장치가 아닌가 합니다.

실제로 환자가 병원에 내원했을 때 모든 의사는 식사, 대소변, 수면, 음주와 흡연, 운동 여부를 기본적으로 확인합니다. 이는 우리의 신체 기능이 일상생활에 문제가 없는지를 먼저 확인해야 하기 때문입니다. 특히 정신과에서는 이를 무엇보다 중요하게 체크하는데, 그 이유는 우리의 몸과 마음이 따로 나뉘어 있지 않기 때문입니다. 스트레스를 받았을 때 몸으로 반응하는 경우는 우울증에서도 두드러지고, 홧병, 공황 증상, 만성적 피로감, 심지어 통증 등의 신체 증상으로 오기도 합니다. 그러니 이런 우울과 불안, 신체 증상 등의 신호가 있을 때는 신호가 나에게 주는 의미를 알아차리고 나의 마음 상태를 인정하는 것이 중요합니다. 이것이 바로 치유의 시작입니다.

힘들더라도 우선 움직여보기를 권합니다. 내 감정이 내 몸을 속이고 가만히 있으라고 하면 나는 차츰 더 움직일 수 없게 됩니다. 우리에게는 무력감과 부정적인 감정만 있는 것이 아니라 나를 돌보고자 하는 기본적인 자아가 존재합니다. 이를 찾아가는 방법을 제안하며 저자 수전 J. 누난 박사가 "행동이 동기에 우선한다"는 구절을 강조한 것처럼 지금 바로 책을 펼쳐 그 방법들을 하나하나 따라가며 연습을 시작하시기 바랍니다. 이 책이 지금 이순간 여기에서 움직일 수 있는 나를 발견하는 계기가 되기를 기원합니다.

★ 우울증을 겪고 있는 이의 가족, 친구에게 전하는 말씀

우울증을 겪는 이들에게 일상생활을 규칙적으로 하고 운동을 하라고 조언할 때는 다음을 주의할 필요가 있습니다. "네가 운동을 안 해서 그래, 제발 누워만 있지 말고 규칙적으로 생활해야 해. 노력 좀 해, 힘내!" 같은 말은 환자들에게 걱정이 아니라 도리어 비난으로 들릴 수 있습니다. 이 책을 함께 읽는다면 가족과 친구로서 어떤 입장을 취해야 하는지 이해하고 배울 수 있을 것입니다. 옆에서 재촉하고 다그치는 것이 아니라 스스로 일상에서 자신의 병을 관리할 수 있도록 인내심을 가지고 가만히 옆에서 도움을 주려는 자세가 필요합니다.

– 양용준 (오늘정신건강의학과의원장)

환자, 치료자, 일반 대중 모두에게 꼭 필요한 기분 관리 종합 가이드

평가와 치료법에 많은 진전이 이루어졌지만 우울증은 여전히 전 세계적으로 주요한 건강 문제입니다. 미국에서만 보아도 많게는 전체 인구의 약 15퍼센트가 삶의 어떤 시점에 우울증을 겪습니다. 현재 우울증은 가장 쉽게 재발하는 질병으로 생각되며, 따라서 평생 동안의 관리전략이 필요합니다.

우울증이 전가하는 비용은 심각하며, 병을 앓는 사람뿐 아니라 친구와 가족들에게도 영향을 미칩니다. 우울증으로 진단받는 많은 사람들이 일정 기간 동안 일을 하지 못하고, 그에 따라 생산력 저하와 손해를 경험합니다. 맨 처음 시도하는 치료에 대한 반응은, 점차 향상되고는 있으나 아직 확실한 효과를 보인다고 하기는 어렵습니다. 우울증이 있는 사람은 납득할 만한 치료적 결과가 나타날 때까지 여러 가지 치료법을 거치는 경우가 많습니다. 근래에 독창적인 최첨단 개입방법들이 발전함에 따라 선택 가능한 치료법의 모습은 더욱 복잡해지고 있습니다. 하지만 혁신적인 치료법이 떠오르고 있다고는 해도 우리 모두가 오랫동안 염원해온 '개인 맞춤' 치료법을 당장 적용하기는 어려울 것입니다. 현재로서는 안정 상태에 도달할 때까지 환자와 치료자가 함께 인내심과 창의력을 발휘하는 치료를 이어나갈 수밖에 없습니다.

수전 J. 누난 박사는 이 책을 통해 우울증을 겪고 있는 사람들은 물론 일반 대중에게 우울증 이해와 관리의 노하우에 관한 종합적 지침을 제공한다는 어려운 문제를 해결하기 위해 노력했습니다. 이 책에서 가장 인상적인 것은 박사가 다룬 주제들의 광범위함과 우울증이 치료 가능한 질병이라는 희망을 불어넣어줄 실용적인 제안들입니다. 이 책에서 다루는 주제로는 우울증 치료계획 전반에서 핵심요소인 행동전략, 부정적인 사고를 '다시 말하기'에 효과적인 인지전략, 효과적인 치료진을 만나고 관계를 유지하기 위한 팁, 우울 삽화 동안 가까운 이들과 소통하기 위한 효과적인 방식, 재발방지 전략들이 포함되어 있습니다.

누난 박사의 여정은 우리 매사추세츠 종합병원 정신건강의학과에 깊은 영감을 주었습니다. 그는 지치지 않고 수많은 환자들과 함께 심리사회적 치료와 약물 치료를 진행해왔고, 인내심 기르기와 틀 밖에서 생각하기, 오로지 나아지기 위한 노력의 중요성에 관한 많은 것을 가르쳐주었습니다. 이 책은 그의 다른 책이나 강연과 마찬가지로, 우울증을 겪고 있는 이들에게 의심할 바 없이 유용한 정보와 지침을 제공해줄 것입니다.

제럴드 F. 로젠바움
(매사추세츠 종합병원 정신건강의학과 과장, 하버드 의과대학 정신의학과 교수)

티머시 J. 피터슨
(매사추세츠 종합병원, 임상심리학자, 하버드 의과대학 정신의학과 조교수)

기분이 최악일 때는 포기할 때가 아니다

어떤 이들은 그것을 멜랑콜리나 머릿속 폭풍우라고 부른다. 『소피의 선택』을 쓴 작가 윌리엄 스타이런은 그것을 '보이는 어둠 Darkness visible'이라고 불렀다. 어떻게 부르든 간에 우울증은 인구의 약 15퍼센트가 살아가는 동안 한 번쯤 경험하는 마음과 몸의 장애다. 주요우울장애나 양극성장애 같은 기분장애는 기분 또는 마음의 틀 문제와 관련 있는 뇌의 상태이다. 이 상태들은 누군가의 생각, 느낌, 행동, 관계, 활동, 흥미와 삶의 다른 영역에 영향을 미친다. 기분장애는 큰 문제가 될 수 있다.

주요우울장애와 양극성장애의 증상은 종종 완화되기도, 악화되기도 한다. 이 말은 증상들이 시간에 따라 나타났다 없어졌다를 반복한다는 뜻이다. 증상이 좀 나아지거나 사라졌다가도 나중이 되면 다시 돌아온다. 양상은 사람마다 달라서 예측하기 어렵다. 당뇨나 고혈압이 있는 사람들이 흔히 그렇듯이 오랜 시간 증상을 경험하기도 한다. 기억할 것은 '기분장애는 치료 가능하며, 병을 관리하는 법을 배우면 잘 살 수 있다'는 것이다.

주요우울장애와 양극성장애에서 가장 흔히 나타나는 증상 중 하나는 주의집중이 힘들다는 것이다. 스타이런은 자신의 책 『보이는 어둠』에서 혼란스러움, 정신집중 실패, 기억력 감퇴, 둔한 사고 과정을 유려하게 묘사했는데, 이것들은 우울증을 겪는 많은 이에게 익숙한 증상이다. 이런 증상들이 있으면 무언가를 읽거나 대화나 TV 프로그램에 집중하거나 간단한 것들을 기억하기조차 힘들어질 수 있다. 기분장애 관리에 관한 조언은 수많은 교과서와 자기계발서, 웹사이트에서 찾을 수 있다. 하지만 우울증이 있는 사람이라면 이런 자료들을 따르고 받아들이는 게 힘겨울 수 있다. 길고 깊이 있는 글이 담긴 책이나 기사는 우울증이 한창인 사람에게는 감당하기 어려울 수 있다. 이런 어려움은 병의 증상이지 지적 능력 때문이 아니다. 이런 증상들 때문에 우울증 관리법을 배우려면 다른 방식이 필요하다.

주의집중이 어려운 이들을 위한 우울증 관리법

나는 이 책을 쓸 때 주의집중 문제를 신중히 고려했다. 이 책을 구성할 때 질병을 관리하기 위한 실용적이고 일상적인 방법들에 초점을 두었다. 이 책에 나온 제안은 전문적인 치료나 정신건강 서비스를 받는 것에 더해서 독자스스로 할 수 있는 것들이다. 내 목표는 단순하게 요점을 알려주는 핵심 정보를 제공하는 것이다. 우울증이나 양극성장애 관리의 기본사항들을 몇 가지 항목으로 나누고, 한번에 하나씩 해볼 수 있는 기술과 훈련법을 제공한다. 이 책은 많은 환자들을 치료해온 의사이자 그 병과 함께 살아온 개인적 경험도 있는 사람의 관점에서 쓰였다. 심한 기분장애를 겪어본 사람으로서 나는 어떤 정보가 병을 다루는 데 가장 유용하며 그것을 가장 잘 전달하는 방법이 무엇인지 이해한다.

이 책에 제시한 정보들은 오랫동안 다양한 교육자료, 심리교육 프로그램, 세미나, 전문 의료인, 개인적인 환자 경험을 통해 얻은 것이다. 당신이 기분장애를 앓고 있다면, 다음의 두 가지 주요한 방식으로 이 책을 활용할 수 있다.

첫째, 병을 더 잘 이해하고 관리하기 위한 교육자료로서 활용할 수 있다. 우울증과 같은 병에 대응하려면 특별한 지식과 기술을 익혀야만 악화를 피하고, 그것에서 회복되며, 재발을 막을 수 있다. 기분장애 관리에 관한 지식이 있으면 더 잘 기능하고 더 잘 지낼 수 있을 것이다. 자기 자신을 적극적으로 돌보고 기분장애를 관리하는 노력을 기울이는 이들이 회복해서 잘 지낼 가능성이 높다. 둘째, 담당 치료사나 치료진이 제공하는 정보와 조언, 치료법과 '함께' 활용할 기술과 훈련을 담은 자료집으로서다. 이 책은 전문적 치료를 대체하기 위한 것이 아님을 주의해야 한다.

천천히 진행하기를 바란다. 한번에 한 항목씩 훑어보고, 한 번 이상 봐야할지 모른다는 점을 잊지 말자. 우울증이 있는 사람들은 각자 독특한 방식으로 다양한 임상 징후와 증상을 경험한다. 천천히 당신만의 경험에 적용되는 자료를 찾아보자. 일부 훈련법을 치료 회기 동안 논의의 시작점으로 삼아도 좋다. 치료사와 함께 당신에게 가장 도움이 될 교육법과 훈련 방식이 무엇일지 논의해본다. 다음의 말은 반복할 가치가 있다. ― '자신을 적극적으로 돌보는 사람이 회복해서 잘 지낼 가능성이 높다.'

무엇이 좋은지를 아는 것과 하는 것은 다르다

이 책은 기분장애를 겪는 모든 이들을 위한 책이다. 많은 제안들, 특히 1장에 소개한 '정신건강의 기초'는 아마 정신건강 문제가 없더라도 유용할 것이다. 그러나 이 기초지식은 질병이 있는 이들에게 특히 도움이 된다. 이것들은 건강을 관리하기 위한 단순하고 실용적인 아이디어다. 적절한 수면과 영양, 한 블록 정도를 걷는 일상적인 신체활동이나, 생활에 체계와 계획을 더하기 위해 특별한 자원은 필요치 않다. 이 지침들은 질병을 자가 관리하기 위한 방편이자, 접근 가능한 모든 종류의 전문적 정신건강 치료법에 더해 사용할 수 있는 유용한 전략들이다. 게다가 과학적으로 증명되었다. 우리 모두가 정신건강 치료센터와 가까운 지역에 사는 것은 아니다. 독자 중 일부는 필요한 자원에 접근하는 방법을 모르거나 전문적 치료를 받으러 가는 게 꺼려질 수도 있다. 이 책에 담긴 단계들이 건강한 정서적 상태를 만들기 위한 기초를 세워줄 것이다.

이 책을 읽다가 당신은 이미 익숙한 제안을 발견할 수도 있다. '그래서 뭐? 이미 들어봤다고!' 하고 생각할지 모른다. 하지만 누군가에게는 꼭 필요한 개념일 수도 있다. 어느 경우든, 내가 이 아이디어들을 제시하는 것은 무엇이 좋은지를 아는 것과 하는 것은 다르기 때문이다. 지식으로서 무언가를 아는 것과 우울한 때에 몸을 움직여 바로 그것을 하기 위한 단계들을 밟을 수 있는가는 같지 않다. 행동을 취하는 것이 가장 어려운 부분이며 우리에게 가장 큰 도전이다.

자기 자신에게 동기를 부여하고 실제로 무언가를 하게 만들려면 그것이 필요한 이유들을 이해하는 것이 한 방법이다. 바로 그 지점에서 이 책이 도움이 될 것이다. 내가 제안한 방법들은 믿을 만한 여러 과학적 연구에서 보고된 의학적 근거들이 뒷받침하고, 나와 다른 사람들의 실제 경험을 통해 효과를 확인한 것들이다.

이 책의 구성과 핵심 내용

1장은 정신건강의 기초, 정서적 건강과 안정성을 유지하기 위해 우리 모두가 매일 해야 할 필수적인 수칙들로 시작한다. 기본수칙에는 규칙적인 수면, 식습관, 운동, 명상, 사회적 접촉 유지하기, 생활에 계획과 체계 만들기, 고립 피하기가 들어간다. 기분장애와 싸우는 동안에는 이 기본적인 행위들이 특히 힘들 수 있다. 우울 증상이 이런 것들을 해내는 능력에 악영향을 끼칠 때가 많기 때문이다.

2장에서는 주요우울장애와 양극성장애라고 부르는 기분장애를 개괄한다. 이 장에서는 여성, 남성, 청소년, 노년, 만성질환이나 암이 있는 이들의 우울증에 대해서도 간략하게 논의한다. 우울증과 불안, 기분장애에 대한 낙인, 피로와 우울에 대한 정보들도 있다. 주요우울장애와 양극성장애의 실제 증상을 모두 모아놓은 표와 당신의 증상을 관찰하기 위한 일일 기분 기록지도 있다.

3장에서는 우울증을 겪을 때 부딪히기 쉬운 흔한 장애물에 관해 이야기한다. 여기에는 우울증에 사로잡히기, 회복에 대한 두려움, 반추가 있다. 회복에 대한 이 같은 잠재적인 장애물을 인식하고 이해하는 것이 마음의 안녕을 얻는 데 중요한 단계이다.

4장은 기저선 설정하기 개념을 알려준다. 기저선이란 건강한 내적 자아로서, 심한 우울증을 겪을 때면 일시적으로라도 잃어버리는 것처럼 보이는 무언가이다. 우울증을 관리할 때 기준이 되는 건강한 내면, 자기 자신에 대한 내적 감각과 연결을 잃지 않을 방법을 찾아야 한다. 이 기저선은 회복 기간을 견뎌낼 때 특히 필요할 수 있다. 이 장에서는 자신의 기저 자아를 알아내고 정의할 수 있는 훈련들도 제공한다.

5장은 기분장애를 위한 치료법들, 즉 상담치료, 약물치료, 입원치료 등에 대한 간단한 설명으로 시작한다. 또 '치료를 받으러 가기가 꺼려지면 어떻게 하지?' 같은 질문도 다룬다. 뒤이어 당신과 치료자의 관계에 대한 논의를 다루고, 우울증이나 양극성장애를 관리할 때 알아야 할 사항들을 살핀다. 질병에서 잘 회복되기 위해서는 전문적 치료와 자가 관리, 둘 다를 하는 것이 중요하다. 우울증을 관리한다는 것은 그 질병과 증상들에 관해 배우고 자신의 증상에 대처하는 효율적인 전략을 개발하는 것을 의미한다. 그러려면 증상을 관찰하고, 부정적인 생각에 맞서고, 문제해결 전략을 사용하며, 적응하고, 부정적인 행동을 피해야 한다.

잘 삶^{wellness}과 안녕감^{well-being}의 개념을 6장 '치료 목표 정하기'에서 이야기한다. 이 장에서는 그저 기분장애 증상이 없어지는 것으로는 충분하지 않다는 개념을 소개한다. '목표는 잘 사는 것'이다. 잘 삶은 단순한 증상의 부재가 아니라 몇 가지 삶의 기술이 있음을 뜻한다. 심리학자 C. D. 리프가 묘사한 그 기술들을 이 장에서 간략히 살펴본다. 우울증이 있는 사람도 잘삶을 경험하는 것이 가능하다.

7장에서는 재발방지에 대한 개요를 찾을 수 있다. 재발방지란 재발(증상의 되풀이) 가능성을 최소화하고 잘 지내는 데 도움이 될 효과적인 생활수칙이다. 이 장에서는 우울증의 위험징후와 유발요인을 알아보기 위한 방법과 정서적 건강에 중요한 변화가 생길 때 사용하기 위한 재발방지 실행계획 또한 제공한다. 마지막은 자살충동이 느껴질 때 해야 할 일에 관한 조언으로 끝맺는다.

8장은 인지행동치료(CBT), 즉 당신의 생각과 감정, 행동 간의 연관성을 다루는 상담치료의 한 종류에 관해 설명한다. 인지행동치료는 우울증에 특히 유용한데, 이때의 사고가 왜곡되고 부정적이며 고통을 주기 때문이다. 이 유형의 치료는 우울증에서 흔히 나타나는 왜곡된 사고패턴, 부정확한 신념, 문제적 행동들을 확인하고 바꾸는 데 도움이 된다. 이 장에는 부적응적인 사고패턴을 검토하고 바꾸기 위해 활용할 수 있는 인지행동치료 훈련 샘플도 들어 있다.

9장에서는 힘든 시기를 이겨내기 위한 생활 전략을 탐색한다. 우울증을 겪는 동안 이런 기술들이 종종 약화되기 때문에 다시 살펴보고 연마하고 싶을지 모른다. 이 장에서는 스트레스 대처, 마음챙김, 고통 감내, 의사소통 능력, 의사와의 상담, 가족 또는 친구들과 공유할 수 있는 조언을 다룬다.

10장에서는 가족과 친구들을 대하는 전략에 관해 논의한다. 이 주제가 스트레스를 주고 질병에 영향을 미칠 때가 종종 있다. 당신의 가장 가까운 이들부터 가벼운 관계의 지인들이나 직장 상사에 이르기까지 넓은 범위의 사람들에게 적용되는 조언이다. 여기에서 언제 어떻게 질병에 대해 밝힐 것인지 알아보고, 중요한 관계들을 유지하는 방법에 대한 아이디어를 접하게 될 것이다. 그 후에는 힘든 가족구성원들과 함께 보내는 휴일에 살아남기 위한 방법도 다룬다.

우울증을 겪고 있을 때 이 책에서 제안하는 여러 가지 방법을 따르기가 결

코 쉽지 않으리라는 점을 이해한다. 그러나 기분이 최악이더라도 포기할 때
는 아니다. 조금씩이라도 의식적으로 몸을 움직여보자. 거듭해서 말하지만,
기분을 꾸준히 관리하면 당신도 일상을 잘 살아갈 수 있다.

Chapter 01

기본을 지키는 게
가장 어렵다

• 정신건강의 기본수칙 •

◆
◆

"행동이 의지에 우선한다."
– 로버트 J. 맥케인

우울해서 아무것도 하고 싶은 기분이 들지 않을 때조차 나가서 무언가를 해야 한다. 할 기분이 들 때까지 기다려서는 안 된다. 우울증에 빠졌다면 그런 때는 아주 긴 시간 동안 오지 않을 테니까.
일단 하기 시작하면, 그것을 하려는 의욕이 결국 뒤따를 것이다. 침대나 소파에서 머무르는 게 훨씬 쉽겠지만, 그건 당신에게 아무런 도움이 되지 않는다. 사소한 일이라도 그냥 하면 결국 그 일에 대한 흥미가 따를 것이고 더 많은 일에 흥미가 생길 것이다. 한번에 작은 일 하나씩 시작하라, 그것을 하려는 의지가 결국에는 생겨날 것이다.

정신건강을 위한 기본수칙

정신건강의 기본수칙이란, 정서적 건강과 안정성을 유지하기 위해 누구나 일상생활에서 지켜야 하는 필수 규칙이다. 특히 기분장애와 싸우며 살아가는 사람에게는 매우 중요하다. 정신건강 기본수칙은 다음과 같다.

- 규칙적인 수면 습관, 건강한 식사, 규칙적인 신체 활동 유지하기
- 약물은 처방받아 복용하기
- 사회적 접촉을 유지하고 고립 피하기
- 생활에 계획과 체계 만들기

〈상자 1-1〉에 요약해놓은 수칙들은 건강한 감정 생활을 위한 토대다. 이 토대 위에 치료계획의 다른 요소들을 세운다. 누구나 알 법한 상식적인 권고사항 같겠지만, 이에 따라 증상을 관리하면 삶의 질이 올라가니 꼭 숙지할 필요가 있다. 이 수칙을 꾸준히 따르면 기분장애 증상의 변동, 또는 변화에 쉽게 취약해질 위험이 줄어든다. 자기 자신을 전반적으로 잘 돌보면 전반적

- **신체적 질병을 제때 치료한다.**
- **잠을 잘 잔다.**
  - 매일 밤 7~8시간 자는 것을 목표로 한다.
  - 규칙적인 수면 습관을 지킨다.
  - 원기를 회복하고 휴식하는 잠자리가 되도록 수면위생 원칙을 따른다.
  - 수면 양상을 확인하기 위해 수면일기를 쓴다.
- **건강한 식습관과 영양을 유지한다.**
  - 하루 세 번, 규칙적으로, 균형 잡히고 건강한 식사를 한다.
  - 술이나 마약, 지나친 카페인 섭취를 하지 않는다.
- **약물 치료**
  - 상태가 나아지더라도 처방된 약물은 모두 복용한다.
  - 복용 중인 비처방 약물, 허브, 기타 보조식품은 의사에게 모두 알리고 상의한다.
- **꾸준히 운동한다**(가능한 만큼). 유산소 운동, 스트레칭, 근력 운동을 균형 있게 한다.
- **사회적 접촉, 타인과의 관계를 꾸준히 유지한다.**
- **고립되는 것을 피한다.**
- **규칙적인 계획을 따르고 시간을 체계화한다.**

인 건강 상태는 물론, 감정의 균형과 힘을 지키는 데에도 큰 도움이 된다. 또한 회복탄력성도 끌어올림으로써 생활에 차질이 생기거나 우울 삽화depressive episode가 발생했을 때 더 쉽게 회복할 수 있다.

기분장애를 관리하려고 노력 중이라면 이 기본적인 수칙을 따르기가 특히 힘들 수 있다. 우울증의 증상이 이 수칙들을 실제로 해내는 능력을 떨어뜨릴 때가 많기 때문이다. 예를 들어 피로, 식욕부진, 흥미상실 같은 증상 때문에 건강한 식단을 따르기 위해 필요한 장보기와 요리 행위가 힘들어질 수 있다. 이 특수한 문제를 해결하기 위해서는 〈표 1-1〉의 전략이 유용할 수 있다.

표1-1	건강한 식단을 따르는 데 도움이 되는 전략	
전략	**예시**
해야 할 일의 계획을 세운다.	• 하루 중 에너지가 더 나는 시간대에 장을 본다. • 친구에게 장보는 것을 도와달라고 부탁한다.
일상 과제를 작은 단계로 나눈다.	• 재료가 다섯 개 이하인, 간단한 요리법을 따른다. • 장 볼 목록을 각각의 끼니별로 적는다. • 꼭 필요하거나 자주 쓰는 재료들만 구매한다.
자신만의 속도로 움직인다.	• 의욕이 나는 날 건강한 음식을 많이 만들어둔다. • 너무 지쳐서 요리하기 힘든 날을 대비해 일부를 냉동 해놓는다.

〈표 1-1〉과 같은 전략들은 다음 장에서 더 많이 배우게 될 것이다. 무언가를 시작할 기분이 될 때까지 기다리지 말라. 지금 할 수 있는 만큼 최대한 행동하면 그것을 하는 데 필요한 의지는 뒤따라올 것이다. 우울증을 지닌 많은 이들이 그것을 경험해왔다. 어려워도 계속 시도하고, 그렇게 노력한 자신을 인정해주자.

수면이 왜 중요할까?

불면증 같은 수면 문제는 주요우울장애나 양극성장애 삽화 중에 자주 발생한다. 우울한 시기에는 잠을 많이 자고도 여전히 피곤할 수 있다. 또는 거의 자지 못하거나 제대로 자지 못하고, 밤 동안 자주 깰 수도 있다. 잠이 드는 데 문제가 있거나 너무 일찍 깰 수도 있다. 수면의 질에 문제가 생겨 다음날 푹 쉬거나 기운이 회복됐다는 느낌이 안 들지 모른다. 잠이 부족하면 짜증이 늘고, 집중하고 작은 일들을 처리하는 데 어려움을 겪을 수 있다. 이와 반대로 양극성장애의 조증이나 경조증에서는 아예 잠이 별로 필요치 않고, 평소라면 잠을 잘 시간에도 기운이 나고 정신이 말짱하다고 느낄 수도 있다.

잠이 정신건강에 왜 중요할까? 숙면은 뇌의 기능을 최적화하고 기분장애에 긍정적인 영향을 준다. 수면시간이나 질의 변화는 질병에 영향을 미칠 것이다. 예를 들어 수면시간이 부족하거나 수면의 질이 나쁘면 우울증이 악화되거나 양극성장애가 나타날 수 있다. 밤에 꾸준히 숙면을 취하면 기분이 나아지는 데 도움이 된다.

잠이 신체건강에 왜 중요할까? 지속되는 불면증, 특히 하룻밤 6시간 이하의 수면은 심장 질환, 고혈압, 당뇨병의 위험성 증가와 관련이 있다. 수면의 질을 높이고 양을 늘릴 수 있다면, 전반적인 신체건강 문제를 예방할 가능성이 높아진다. 그래서 잠을 잘 다스리는 것이 중요하다.

수면 상태의 변화는 스스로 완전히 통제할 수 있는 것도, 없는 것도 있다. 그런 변화는 수면 무호흡증이나 극심한 스트레스 같은 신체적 상태와 연관됐을 수도 있다. 수면 문제는 기분장애 악화의 전조 또는 증상일 수 있으므로 치료진과 함께 확인하고 살펴보는 것이 좋다. 수면 방해는 소음, 너무 밝은 불빛, 불편한 방 온도 같은 환경 조건에도 영향을 받을 수 있다. 다행스럽게도 밤에 숙면을 취하기 위해 시도해볼 만한 것들이 있다. 지속적인 불면증을 위한 추천 치료법으로는 크게 두 가지 접근방식이 있다. 바로 인지행동치료와 진정제다.

불면증을 위한 인지행동치료(CBT-I)는 상담치료의 일종으로, 수면 문제에서 제일 먼저 고려되는 치료법이다. 이 접근방식은 고질적인 수면 문제에 기여하는 역기능적 사고, 신념, 행동을 살핀다. 이 치료에는 수면 제한, 잠에 대한 합리적인 기대를 복원하고 유지시키는 인지치료, 이완요법, 수면위생이 포함된다. 수면위생은 수면을 방해하거나 잠자리에서 흥분이나 자극을 주는 행동들을 줄이는 데 도움이 된다.

좋은 잠을 만드는 수면위생

수면위생 sleep hygiene은 수면에 영향을 미치는 개인적 습관과 환경적(집안) 상태를 일컫는다. 좋은 수면 습관은 수면 상태를 개선할 수 있고, 그에 따라 기분이 나아지는 데에도 좋다. 따라서 좋은 수면 습관과 숙면에 도움이 되는 침실환경에서 일관되게 잠들고 일어나는 패턴을 유지하는 것이 중요하다. 미국수면의학회가 추천하는 수면위생 목록을 〈상자 1-2〉에 제시했다. 기분장애를 이겨내기 위한 핵심수칙 중 하나는 이 제안을 최대한 따르는 것이다. 좋은 수면위생을 훈련한 후에도 여전히 수면 문제가 있다면 의사와 상의해보라.

'나는 얼마나 자야 충분할까?' 이쯤이면 떠오르는 질문일 것이다. 한 사람에게 필요한 수면의 양은 연령과 관련이 있다. 그것은 유아기에서 아동기를 거쳐 나이가 듦에 따라 달라진다. 건강한 성인에게 필요한 평균 수면시간은 하룻밤에 7시간에서 8시간을 자는 것이다. '충분한 잠'이란, 신체적·정신적으로 쉬었다고 느끼고, 또렷하지만 예민하지는 않고, 집중할 수 있고, 제대로 소

수면 개선을 위한 추천사항

- 취침시간과 수면시간을 매일, 주말에도 똑같이 유지한다. 밤에 잠을 제대로 못 잤더라도 같은 시간에 일어나 잠자리를 떠난다.

- 낮잠을 자지 않는다.

- 취침 전의 편안한 잠자리 의식을 개발한다. 자러 가기 전 2시간을 편안한 시간으로 만들고, 가족 간의 논쟁, 시끄러운 소음, 격렬한 활동, 폭력적인 TV 프로그램이나 게임 같은 과도한 자극을 피한다.

- 저녁에는 밝은 빛에 노출을 줄인다.

- 취침 전 최소한 30분은 스마트폰, 태블릿, 컴퓨터를 포함해 모든 전자기기를 끈다.

- 잠자리에는 졸릴 때에만 간다.

- 시계를 보지 않는다. 시계를 반대쪽으로 향하게 둔다.

- 잠이 들지 않는다고 좌절하며 누워 있지 않는다. 20~30분이 지나도 잠이 들지 않는다면, 잠자리를 떠난다. 다른 공간에서 (음악 감상이나 독서 같은) 차분한 활동을 하며 휴식을 취하고 마음을 비운 뒤, 잠이 오면 다시 잠자리로 돌아간다.

- 취침 전 이완운동을 하는 것도 괜찮다. 예를 들어 점진적 근육이완법, 심호흡, 심상유도요법, 요가, 명상이 있다.

- 낮이나 저녁에 미리 '걱정 시간'을 정해놓고 걱정되는 문제들을 정리한다. 다음 날 할 일을 적는 것도 잠자리에 들기 전 마음을 정리하는 좋은 방법이다.

- 침실의 잠자리는 오로지 수면, 섹스, 가끔의 와병을 위한 공간으로만 사용한다. 잠자리에서 잠과 관련 없는 활동은 하지 말고, 책 읽기나 TV 보기, 작업과 식사는 다른 방에서 한다.

- 낮에 먹는 카페인의 양을 제한하고 낮 12시 이후에는 섭취를 피한다. 커피, 차, 콜라, 코코아, 초콜릿과 일부 약물에도 카페인이 있음을 기억하자.

- 낮 동안 흡연과 음주를 피하거나 자제하고, 취침 전 4~6시간 안에도 피한다.

- 취침 전 과식하지 않되, 배가 고픈 채로 잠자리에 들지 않는다. 필요하면 가벼운 간식을 먹는다.

- 규칙적으로 운동한다. 취침 4~6시간 전에는 격렬한 운동을 피한다.

- 숙면을 돕는 잠자리 환경을 만든다. 어둡고, 조용한 방 안의 편안한 잠자리가 좋다. 침실 안에 불빛, 소음, 극단적인 실내온도(덥거나 춥거나)는 최소화한다. 암막 커튼이나 블라인 드, 귀마개, 백색소음기도 도움이 될 수 있다.
- 잠들기, 푹 자기, 일찍 또는 자주 깨는 것 같은 수면 문제가 계속된다면 의사와 상의한다.

출처: The American Academy of Sleep Medicine, "Healthy Sleep Habits", updated February 9, 2017, www.sleepeducation.org/essentials-in-sleep/healthy-sleep-habits에서 일부 수정.

근육(정교한 움직임이 필요할 때 사용되는 근육으로 손가락 근육과 얼굴 근육 등이 있다) 과제를 해낼 수 있는 상태가 되는 수면시간의 양이다.

당신이 잠을 실제로 얼마나, 어떻게 자는지 알 수 있는 방법이 있을까? 사람들은 대부분 자신의 수면시간을 더 적게 생각하는 경향이 있다. 정확히 알아내기 위해 〈표 1-2〉처럼 몇 주간 수면일기를 써서 자신의 수면을 관찰하는 것도 한 방법이다. 수면일기는 다음과 같은 항목들을 표로 기록한다.

- 잠자리에 든 시간
- 잠들 때까지 걸린 시간
- 밤에 깬 횟수
- 밤 동안 깨어있던 시간
- 최종적으로 아침에 일어나 잠자리에서 빠져나온 시간

몇 주 동안 아침에 일어나자마자 표를 기록한다. 수면일기를 쓰면 당신은 물론이고, 표를 공유한 치료진이 당신의 수면패턴을 이해하기 쉬워진다. 기록을 통해 당신이 치료에 보이는 진전과 반응을 관찰하고, 치료계획을 짜는

날짜:	잠자리에 든 시간	입면주기 (잠드는 데 걸린 시간)	밤에 깨어난 횟수	밤 동안 깨어나 있던 총 시간	마지막으로 일어난 시간
월					
화					
수					
목					
금					
토					
일					

|표1-2| 수면일기

출처: National Institutes of Health and National Heart, Lung, and Blood Institute, *Your Guide to Healthy Sleep* (Bethesda, MD: NHLBI, 2011).

잠자리를 빠져나온 시간	총 수면시간	낮잠을 잤다면, 시간은?	약물	운동	기타/약물 변화

데 중요한 정보를 얻을 수 있다.

식습관이 기분장애에 미치는 영향

신체와 주요 장기들의 기능을 유지하기 위해 영양가가 높고 다채로운 식단이 중요하다는 말을 들어보았을 것이다. 이 말이 뇌에도 적용된다는 것을 알고 있는가? 음식은 몸과 뇌가 잘 기능하게 도와주는 연료다. 그 기능에는 감정과 기분장애를 다스리는 것도 포함된다. 규칙적인 일정에 맞추어 건강한 음식을 먹으면 몸과 뇌에 지속적으로 연료가 공급된다. 몸을 먹이면, 뇌도 먹는다.

건강하고 규칙적인 식사에서 멀어지면 기분 변화에 취약해진다. 예민하고 피곤해지며 뇌의 기능도 떨어질 수 있다. 식사를 거르거나 감정적 신호에 반응해 음식을 먹으면 필요하지 않은 과식을 할 가능성이 높고, 이것이 당신의 기분 상태에 영향을 미친다.

그 이유는 이렇다. 녹말이 많거나 달콤한 음식(이른바 탄수화물) 또는 술을 섭취하면, 인체는 그것을 소화해서 포도당이라고 부르는 당분으로 분해한다. 탄수화물 음식에는 빵, 파스타, 밥, 콩류, 옥수수, 고구마, 감자, 호박, 그리고 쿠키, 케이크 같은 제과류가 포함된다. 포도당은 혈류를 타고 이동하며 세포의 에너지원이 된다. 인체가 만들어내는 호르몬인 인슐린은 혈액 안의 포도당 양을 세심하게 조절한다.

무언가를 먹고 나서 포도당의 양이 많아지면, 인체는 그에 반응해 인슐린을 분비해 포도당을 '정상' 수준으로 다시 낮추려 한다. 폭식하거나 탄수화물을 너무 많이 섭취하면, 인슐린이 너무 많이 분비되어 혈당이 높은 상태에서 낮은 상태로 뚝 떨어진다. 이 때문에 당신의 기분과 에너지 수준에 혼란이 발생한다. 피곤하고, 예민하고, 불안해지며, 집중력이 떨어지고 감정기복이 심해진다. 우리의 목표는 매 끼니 탄수화물과 저지방 단백질을 적당하고 동일한 양으로 균형을 맞춘 식단을 통해 하루 종일 꾸준하게 혈당 수준을 유지하는 것이다. 균형 잡힌 식사에는 (체격에 따라) 85~140그램의 단백질이 포함된다. 건강한 간식에는 30~55그램이 포함된다. (효율적인 순서대로) 단백질, 지방, 섬유질은 포만감을 주고 혈당의 급격한 변화를 막아준다. 균형 잡힌 음식을 섭취하면 식사 후 몇 시간 동안 혈당(포도당)이 적정한 범위에서 유지되고, 기분이 좋아지고, 기운이 나면서, 머리가 맑은 느낌을 받는 데 도움이 될 것이다.

〈그림 1-1〉은 이 개념을 시각화한 것이다. 이 그림은 매사추세츠 주 보스턴의 하버드 의대 부설 브리검 앤드 위민스 병원 영양학과의 선임영양사 마크 C. 오메라가 만든 것이다. 이 그래프의 점선은 고탄수화물 식사나 간식이 혈당에 영향을 미쳐 많은 상승과 하강곡선이 나타남을 보여준다. 반대로, 실선은 균형 잡힌 식사나 간식이 혈당을 일정한 범위로 유지시킴을 보여준다.

인체는 소화 과정에서 화학 작용을 하는 다른 호르몬들도 만든다. 그중 렙틴leptin은 지방세포가 분비하는 호르몬으로서 뇌에 당신이 충분히 먹었다는 신호를 보낸다(포만감을 준다). 그런데 만성적인 스트레스와 과식이 렙틴 저항성을 부를 수 있다. 즉 이것은 당신이 언제쯤 배가 부른지 전혀 알 수 없게 된다는 뜻이다. 세 번째 호르몬 그렐린ghrelin은 식욕을 자극하고 렙틴을 줄여서 결국 더 먹게 만든다. 숙면을 취하지 못하면 그렐린이 증가해 뇌가 식욕을 돋우게 만든다. 자, 이제 생활 속 스트레스와 수면 양상의 변화가 몸에서 당신이

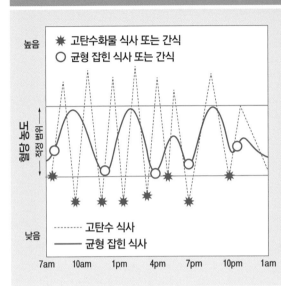

|그림 1-1| **식단 구성이 혈당, 공복감, 체중에 미치는 영향**

고탄수화물 식사 또는 간식
균형 잡힌 식사 또는 간식

높음

혈당 농도 / 적정 범위

낮음

7am 10am 1pm 4pm 7pm 10pm 1am

······ 고탄수 식사
—— 균형 잡힌 식사

고혈당
중성지방 생성, 둔한 느낌, 지방 축적과 체중 증가, 다량의 인슐린 생성 및 높은 혈당수치

적정 혈당
좋은 느낌, 공복감 적음, 만족감, 뇌 영양 충분, 에너지, 기분 좋음, 유능감, 머리가 맑음

저혈당
몸이 떨림, 배고픔, 피로, 탄수화물 중독, 집중력 저하, 둔한 느낌, 머리가 멍함, 게으름

먹은 음식이 사용되는 방식에 어떤 차이를 만들어내는지 알 수 있을 것이다.

여러 연구들은 특정 식사 방식과 정신건강이 연관되어 있음을 보여준다. 예를 들면, 〈표 1-3〉에 제시된 것처럼 서구식 식단은 높은 우울증 비율과 관련이 있는 반면, 지중해식 식단은 낮은 비율과 연관되어 있다. 질 나쁜 식사가 우울증에 따른 식욕 변화와 관성의 결과인지, 아니면 식단이 그런 증상들을 부른 것인지는 알지 못한다. 아마 둘 다일 것이다. 식단 내 엽산, 비타민 B12, 오메가3 지방산이 중요하다는 연구도 있다. 하지만 그것은 이 책의 범위를 넘어서는 복잡한 논의이므로 우울증을 위해 건강보조식품을 섭취하고자 한다면 의사와 상의하라.

건강한 식습관이 중요한 또 다른 이유도 있다. 뇌의 영양 상태를 개선하면

식단	예시	기분
서구식 식단 포화지방이 높고, 가공식품, 튀김, 단 음식	햄버거, 셰이크, 감자튀김, 정크 푸드	높은 우울증 비율과 관련
지중해식 식단 신선하고, 균형 잡힌, 덜 가공된 음식	과일, 채소, 콩, 생선, 저지방 단백질, 통곡물, 올리브오일, 견과류	낮은 우울증 비율과 관련

|표1-3| 서구식 식단과 지중해식 식단 비교

항우울제의 효과도 높아질 수 있다. 건강한 식단은 기분장애의 우울한 부작용에도 도움이 될 수 있다. 예를 들어 우울감, 활동저하, 수면 문제를 비롯해 기분장애에 처방되는 많은 약물들은 체중을 늘릴 가능성이 있다. 이 말은 체중 증가를 막거나 최소화하기 위해서는 식단이나 운동에 특히 주의를 기울여야 한다는 뜻이다(어떤 이들에게는 우울 증상이 식욕부진과 체중 감소로 나타날 수 있지만, 다른 이들에게는 식욕 증가와 탄수화물 중독, 체중 증가로 나타날 수 있다).

항우울제 치료에 뒤따르는 체중 증가는 우울증의 한 증상으로 체중 감소가 나타난 이들에게는 회복을 의미할 수도 있지만, 약 복용에 따른 문제가 될 수도 있다. 체중 증가는 항우울제의 장·단기 복용에서 비교적 널리 나타나는 문제이며, 사람들이 약 복용을 중단하는 흔한 이유다. 이 가능성을 염두에 두고, 장기복용 중이라면 특히 조심해야 한다.

항우울제 복용에 따른 상당한 체중 증가는 전반적인 건강 상태에 영향을 미치며 신체적·정서적 불편과 고통을 초래할 수 있다. 많은 사람들은 체중이 많이 늘어날 때 자신에 대해 더 실망하고, 낮은 자아존중감과 낮은 자신감을 보인다. 건강한 식습관은 우울증이나 양극성장애로 약물을 복용할 때 과체중이나 비만이 될 가능성을 막거나 줄일 수 있다.

이미 과체중인 이들은 체중을 관리하기 위해 칼로리 섭취량을 조절해야 한다. 이것은 전체 그림 중 일부분일 뿐이다. 체중 관리에는 신체활동(운동)을 늘리고 앉아서 보내는 시간을 줄이는 것도 포함된다. 쉬운 일은 아니지만 이를 덜 힘들게 만들기 위한 조치들을 취할 수 있는데, 이에 대해서는 뒤에 이어질 '신체 운동은 필수' 항목에서 다룬다(48쪽). 항우울제는 종류에 따라 신진대사에 모두 다른 영향을 미친다는 점을 기억해두고, 필요하다면 당신이 잘 견딜 수 있는 것을 찾을 때까지 한 가지 약물 이상을 시도해볼 필요가 있다.

대사증후군과 우울증

대사증후군^{Metabolic Syndrome}은 우울증에서 흔히 나타나는 신체적 문제다. 특정한 항우울제 또는 항정신병 약물을 복용하거나 혈액검사에서 일반적인 염증 소견이 있을 때 특히 잘 나타난다. 대사증후군은 비만, 당뇨, 심혈관계 질환의 원인이다. 2014년, 텍사스대학교 댈러스캠퍼스의 C. D. 레서스트 등은 미국국민건강조사를 연구해 우울증이 있는 사람 중 41퍼센트 이상에서 대사증후군을 찾아냈다.

대사증후군은 미국심장협회(AHA)와 미국 심장, 폐 및 혈액연구소(NHLBI)에서 정의한 5가지 신체 징후들, 이른바 심혈관 위험요소로 이루어져 있다. 진단을 충족하기 위해서는 아래의 위험요소 5개 중 3개 이상이 있어야 한다.

- 비만, 특히 복부비만(내장비만): 허리둘레가 남성 102cm 이상, 여성 88cm 이상
- 높은 혈중 중성지방 수치: 150mg/dL 이상
- 낮은 혈중 HDL 콜레스테롤('좋은' 콜레스테롤) 수치: 남성 40mg/dL 이하, 여성 50mg/dL 이하
- 고혈압: 130/85mmHg 이상 또는 고혈압 치료 중
- 높은 공복혈당: 100mg/dL 이상 (또는 고혈당 관리 약물 복용 중)

대사증후군은 일차적으로 생활습관을 개선해 관리할 수 있다. 그 예로 적절한 수면, 꾸준한 유산소 운동과 근력 운동, 저탄수화물 식단과 건강한 지방(올리브오일, 아보카도) 섭취가 있다. 때로는 높은 수치의 혈압, 콜레스테롤, 혈당을 조절하기 위해 약물이 필요하다. 연구자들은 대사증후군과 연관된 기저의 염증을 치료하는 약물들도 살펴보고 있지만, 이에 대해서는 연구가 더 필요하다.

영양가 있고 균형 잡힌 식단이란?

자신이 먹는 것은 자신이 정할 수 있고, 가장 유익한 방향으로 뇌에 영양분을 제공하는 것은 자기 자신에게 좋은 일이다. 여기서는 식습관을 개선하며 건강하고 균형 잡힌 식단이라는 목표에 도달하는 데 도움이 될 기본적인 영양학적 정보를 제공한다.

〈상자 1-3〉으로 제시한 미국 농무부(USDA)의 〈2015~2020 식생활 지침〉

은 근거 중심의 영양학적 가이드라인으로서 향상된 영양과 신체활동을 통해 건강을 증진하고, 만성질환의 위험을 낮추며, 과체중과 비만을 줄이기 위해 고안되었다. 이 지침들이 우울증에 특화된 것은 아니지만 전반적인 건강과 안녕감에 도움이 된다. 여기서는 건강한 식단과 생활방식을 다음과 같이 설명한다(한국의 사이트 중에서는 질병관리청 국가건강정보포털(health.kdca.go.kr)의 '건강정보〉생활습관' 항목에서 여러 식이영양/식이요법 권고사항을 살펴볼 수 있다. - 옮긴이).

- 자연식품 또는 최소한의 가공을 거친 식품과 식물성 식품(채식 중심의 식단 - 옮긴이)으로 일생 동안 건강한 식습관 유지
- 음식의 다양성, 영양소 밀도, 섭취량에 주의
- 과일, 야채, 통곡물, 저지방 단백질(저지방 육류, 가금류, 어류, 달걀, 견과류) 강조
- 무지방 또는 저지방 우유와 유제품 강조
- 낮은 함량의 포화지방, 트랜스지방, 콜레스테롤, 소금(나트륨), 첨가당

에너지와 균형 잡힌 정신건강에 좋은 식습관은 하루에 세 번, 적은 양에서 보통 양의 식사를 하고, 원하면 한두 번의 건강한 간식을 먹는 것이다. 식사를 거르지 말라. 간식은 과일 한 조각, 스트링치즈, 호두나 아몬드 약간은 될 수 있지만, 과자나 튀김, 사탕, 탄산음료, 정크 푸드는 안 된다. '진짜 음식'을 먹는다. 하루에 6~8잔의 물을 마셔서 충분히 수분을 보충해야 한다. 가당 음료나 다이어트 음료수는 피한다. 술은 그 자체로 진정제이며 전반적인 신체적·정신적 건강에 좋지 않으므로 피한다. 담배와 처방받지 않은 약물을 피한

|상자 1-3| 미국 농무부(USDA)의 2015~2020 식생활 지침

이 목록은 건강한 신체와 체중을 유지하기 위한 핵심 사항을 요약한 것이다.

- 식단에 통곡물, 채소, 생과일의 비중을 높인다.
- 다양한 종류의 채소, 특히 녹색, 붉은색, 주황색 채소와 콩류를 먹는다.
- 곡물 중 최소 절반은 정제된 곡류(흰 밀가루와 백미) 대신 통곡물(보리, 귀리, 현미, 퀴노아)을 먹는다.
- 다양한 단백질 식품군 섭취를 위해 해산물, 저지방 육류, 가금류, 달걀과 콩, 대두식품, 견과류, 씨앗류 같은 식물성 단백질을 먹는다.
- 적당한 양의 기름(카놀라유나 올리브유로 하루에 5~6티스푼)과 견과류, 아보카도를 사용한다.
- 가당 함유 음료는 마시는 양을 줄이거나 없앤다.
- 섭취한 총 칼로리에 주의를 기울인다. 자신의 음식 섭취량을 관찰한다.
- 1인분 크기를 살펴본다. 크기가 더 작거나 칼로리가 더 낮은 쪽을 고른다.

- 하루에 설탕 첨가물에서 얻는 칼로리가 전체 칼로리의 10퍼센트를 넘지 않게 한다(하루 12.5티스푼).
- 일일 나트륨(소금) 섭취량을 2,300밀리그램 이하로 제한한다.
- 포화지방(버터, 크림, 치즈, 고지방 육류)을 단일불포화지방산과 고도불포화지방산(올리브유, 카놀라유, 호두, 아마씨, 해바라기씨, 연어, 송어, 고등어 같은 생선)으로 대체하여 칼로리의 10퍼센트 이하로만 먹는다.
- 무지방이나 저지방 우유와 유제품(우유, 요거트, 치즈) 또는 두유를 선택한다.
- 술은 적당량만 섭취한다.
- 일부 경화유 같은 트랜스지방 합성원료가 포함된 음식을 먹지 않는다(식품 라벨을 읽어본다).
- 신체적 활동을 유지하고 이 지침들을 지킨다.

출처: US Department of Agriculture and US Department of Health and Human Services, *Dietary Guidelines for Americans 2015-2020*, 8th ed. (Washington, DC: Government Printing Office, 2015).

다. 꼭 기억할 것은, 균형 잡힌 건강한 식단은 만족감을 주지 굶주려서 더 갈망하게 만들지 않는다는 점이다.

집에서 먹을 때와 밖에서 먹을 때 '1인분 크기'에 주의를 기울여야 한다. 식당과 가정에서 1인분의 양은 수년간 천천히 증가해왔기 때문이다. 예를 들어 육류나 생선 같은 단백질의 적당한 양은 85그램, 카드 한 벌이나 당신의 손바닥 크기 정도밖에 되지 않는다. 신선한 과일 1회분(반 컵)은 야구공 반 정도의 크기다. 시리얼 한 컵(1회분)은 당신의 주먹 하나 크기다. 밥, 파스타, 감자 1회분은 반 컵, 야구공 절반 크기다. 〈표 1-4〉에 당신이 먹는 양을 추정하는 데 도움이 될 대표적인 식품의 1회분 크기를 제시했다.

건강한 식습관을 만들기 위해 노력해야 한다. 그것을 자연스레 터득하는 경우는 많지 않다. 기분이 좋지 않을 때 건강한 선택을 하는 것은 어렵고, 우울할 때 잘 먹는 것도 어렵다. 식욕도 떨어질 수 있고, 그렇게 되면, 음식과 영양에 대한 흥미도 줄어서 별로 중요하지 않게 된다. 좋아하는 음식이나 훌륭한 식사도 예전만큼 즐거움을 주지 못한다. 너무 지쳐서 장을 보거나 요리하기, 먹는 것조차 큰 노력이 필요할 수 있다. 건강한 음식을 요리하는 일은 너무 복잡하고, 그런 일을 하기에는 너무 지쳤다고 느낄지 모른다. 어떤 이들은 건강한 음식은 더 비싸다고 불평하지만, 1회분 크기를 보면 꼭 그렇지 않을 수도 있다.

우울할 때에는 끼니를 거르거나 패스트푸드나 배달음식, 냉동식품을 먹게 될 가능성이 높은데, 이것들은 지방과 소금 함량이 높고 당신과 당신의 두뇌 건강에 좋지 못하다. 장을 보고 요리를 하는 것이 힘들어 보일 수도 있지만, 그것이 정신적·육체적 건강에 얼마나 중요한지 떠올리도록 노력해보자. 신체와 두뇌가 최상의 상태로 작동할 연료를 공급하기 위해 건강한 식단의 영양분이 필요하다.

건강한 식사가 꼭 허드렛일이 되지 않을 수도 있다. 건강한 음식 중 좋아하는 것을 고르고 취향을 균형 있게 맞춘다. '의무적으로' 브로콜리를 먹을 필

|표 1-4| 식품 1회분 크기(1회분의 모양 짐작하기)
곡류 가공품 곡물 시리얼 1컵 = 주먹 팬케이크 1장 = CD 조리한 밥, 파스타, 감자 ½컵 = 야구공의 ½ 빵 1장 = 휴대전화 옥수수빵 1조각 = 비누
채소와 과일 채소 샐러드 1컵 = 야구공 구운 감자 1개 = 주먹 지중해 과일 1개 = 야구공 신선한 과일 ½컵 = 야구공의 ½ 건포도 ¼컵 = 큰 달걀
유제품 치즈 40그램 = 주사위 4개 아이스크림 ½컵 = 야구공의 ½
지방 마가린이나 버터 1티스푼 = 주사위 1개
육류와 대체식품 육류, 생선, 가금류 45그램 = 카드 한 벌 구운 생선 45그램 = 수표책(간이영수증 1권) 땅콩버터 2티스푼 = 탁구공

출처: National Institutes of Health and National Heart, Lung, and Blood Institute, "Serving Size Card", accessed October 2017, www.nhlbi.nih.gov/health/ educational/wecan/downloads/servingcard7.pdf.

요는 없다. 가끔씩 좋아하는 음식을 조금 먹는 일까지 멈추지 않아도 된다. 그러면 오히려 과식으로 이어지고 삶의 즐거움을 잃을 수 있다. 위에서 말한

1회분 크기를 기억하며 식욕이 채워질 만큼만 충분히 먹는다.

　미리 계획을 세우면 건강한 식단을 유지하는 것이 용이할 수 있다. 하루 중 기운이 가장 넘칠 때 계획을 세운다. 먼저, 건강한 음식들로 장 볼 거리를 구성한다. 쉬운 메뉴 구성을 도와줄 수 있는 책과 영상들도 많이 있다. 매장이 덜 붐비고 배가 고프지 않을 때 장을 보고, 가능하면 당신을 도와줄 친구를 데려간다. 건강한 선택을 시작해볼 만한 샐러드 바가 있다면, 샐러드 드레싱의 양만 주의하면 된다. 피로가 좀 덜한 날에, 국물이나 닭고기 등을 많이 만들어서 나중에 먹을 수 있게 냉동해놓는다. 더 기운이 있는 시기나 시간대에 요리를 하거나, 친구나 가족에게 함께 해달라고 부탁하자. 장보기와 요리를 주간 일정에 넣어서 미리 계획을 잡아놓자. 어떤 이들은 평일에 한 주의 장을 보고 요리를 해두는 것이 제일 좋다고 생각한다. 그렇다면 별로 그럴 기분이 아니어도 그냥 해둔다.

　어떤 이들은 우울증과 함께 불안을 경험하는데, 이 경우 유난히 식탐이 생기고 정크 푸드가 당길 수 있다. 이 유혹에 저항해야 한다. 음식이 당길 때 먹을 수 있도록 집에 '건강한' 음식과 간식을 마련해둔다. 일터에도 건강한 간식을 가져가서 준비해둔다. 과일 한 조각, 요거트 또는 호두나 아몬드 12개 (맞다, 12개다!)가 과자나 사탕보다 훨씬 나은 선택이다. 평소와 다른 식탐이 계속되면 의사와 상의한다. 신체에 필요한 많은 영양분을 제대로 공급하기 위해 식단에 다양성을 유지한다. 다양성은 똑같은 예전 메뉴에 질릴 가능성도 줄인다. 요리수업을 들어보자. 집 안에서 빠져 나와 새로운 사람들과 새로운 생각들을 접할 기회가 될 것이고, 그것은 우울증에도 좋다.

　외식도 건강한 식단과 체중을 유지하려는 좋은 의도를 꺾을 수 있다. 식사

'먹어치우기'를 멈추세요!

최근에 마음 챙김과 의식적 식사에 관한 흥미로운 발표를 들었다. 매사추세츠주 레녹스의 영양사 주디 도이치의 발표였다. 그녀의 주장은 우리가 종종 '식사를 먹어치운다'는 것으로, 때로는 서서 먹거나, 운전하면서, 또는 TV를 보며 먹는다는 것이다. 이렇게 식사를 하면, 주의를 기울이지 않기 때문에 3분의 1가량 더 많은 음식을 먹게 된다. 그녀는 이렇게 제안했다.

- 식사를 하는 순간에 충실하게, 무엇을 먹는지, 어떤 맛인지, 질감이나 냄새는 어떤지 주의를 기울인다.
- 한 입마다 즐긴다. 신선한 과일과 채소를 먹으면, 맛은 더 좋고 가격은 적게 든다.
- 새로운 것들, 새로운 음식이나 메뉴, 허브, 새로운 조리법을 시도해본다.
- 식사 시간과 장을 보는 시간, 조리시간을 미리 계획한다.

나는 이런 접근방식이 마음에 든다!

량을 조절하고, 지방과 염분 섭취를 제한하려는 계획을 지켜내자. 패스트푸드 식당은 최선을 다해 피해야 한다. 레스토랑에서는 메인요리 대신 애피타이저와 샐러드를 주문하고, 샐러드 드레싱이나 소스는 접시에 따로 달라고 요청하며, 메인요리를 나누어 먹고, 아니면 다음 날 집에서 먹도록 남은 음식을 포장해 달라고 한다.

건강한 식단이나 규칙적인 운동 프로그램을 따라도 체중 증가 문제가 해결되지 않으면, 우울증과 수면 문제에 듣는 다른 약물이 없을지 의사와 상의한다. 다른 대안들로는 웨이트 와쳐스Weight Watchers(국제적인 체중관리 프로그램 서비스 브랜드-옮긴이) 같은 지지집단에 가입하거나, 지역 병원의 체중 관리 센터로 연계를 받거나(우리나라에서는 각 지역별 보건소에서 '성인 비만 프로그램', '비만 상담'을 운영하고 있다.-감수자), 항우울제의 체중 증가 위험을 상쇄하는 데 도움이 될 약물에 관해 의사와 상담해볼 수 있다.

신체 운동은 필수

신체 운동이 신체의 전반적인 건강에 좋다는 이야기를 자주 들어봤을 것이다. 운동이 뇌에도 좋고, 우울증을 경감시킬 수 있다는 것도 알았는가? 신체 운동을 하면 약하거나 보통 정도의 우울과 불안 증상의 예방과 개선 효과가 나타난다. 이 강력한 증거 덕분에 운동은 2010년 미국정신의학회(APA)에서 출간한『주요우울장애가 있는 환자를 위한 치료행위 지침Practice Guideline for the Treatment of Patients with Major Depressive Disorder』(제3판)에 포함되었다. 현재 영국에서는 신체 운동이 우울증에 가장 먼저 적용되는 치료 중 하나다.

예전에는 뇌가 고정된 기관이고, 새로운 뇌세포를 자라게 하거나 손상된 뇌세포를 고칠 방법이 없다고 생각했다. 하지만 이후 과학자들은 뇌가 끊임없이 재정비되며 평생에 걸쳐 새로운 신경세포들을 만들어낼 수 있음을 알아냈다.

새로운 뇌세포를 만들어내도록 뇌를 자극하는 방법 중 하나는 뇌유래신경영양인자(BDNF)로 불리는 체내 화학물질과 관련이 있다. BDNF는 뇌에 비료와 같은 작용을 한다. 뉴런을 보호하고, 성장을 촉진하며, 그 기능을 향상한다. BDNF는 신경전달물질을 더 많이 생성하게 하는 유전자들을 발현시켜 항산화물질과 핵심단백질을 분비한다. 신체 운동은 뇌 전반의 BDNF를 증가시키는데, 이 중에는 감정과 기억을 관장하는 데 도움을 주는 뇌의 영역인 해마도 포함된다.

　우울증 치료법으로서 신체 운동의 효과는 아래와 같다.

* 새로운 뇌세포의 성장을 촉진하는 BDNF라는 뇌의 화학물질 증가

* 뇌 화학물질(신경전달물질) 조절

* 스트레스 호르몬의 수준을 정상으로 유지함으로써 스트레스 완화

* 자신감, 자아존중감, 유능감, 통제감의 경험 증가

* 기분에 긍정적인 영향

* 안녕감 sense of well-being 향상

* '좋은 기분 호르몬(엔도르핀)' 분비

* 수면의 질 향상으로 기분장애 개선

* 우울증에 종종 나타나는 무력하고 정적인 생활습관 극복에 효과

* 사회적 접촉 증가(운동수업이나 이웃, 또는 헬스장에서의 교류)

* 지구력과 체력 증가로 피로감 감소

* 체중 관리 효과

　규칙적인 신체 운동은 단독으로도 도움이 되지만 표준적인 우울 치료에 더해서도 쓸 수 있다. 이것을 '강화전략augmentation strategy'이라고 부른다. 운동은 재발방지 계획(7장 〈재발방지 전략〉 참고)의 하나로도 고려되며 낮은 재발율과의 연관 가능성이 있다. 그리고 우울감을 관리하는 데 스스로 더 적극적인 역할을 하는 한 방식이기도 하다. 운동 프로그램을 시작하기 전에 의사와 계획을 논의한다. 심장 질환이나 뼈, 관절 문제처럼 염려되는 건강 문제가 있다면

알린다.

우울증 증상 때문에 운동 프로그램을 시작하고 유지하는 것이 더 어려울지 모른다. 활동에 대한 흥미상실, 신체적·정신적 에너지 감소, 의욕 감소, 주의집중력 상실 등의 증상이다. 기분이 좋지 않은데 건강한 선택을 내리기는 어렵다. 신체 운동을 할 시간이 없다거나, 너무 피곤하거나 쑥스럽다고, 또는 지루하거나 효과가 없을 거라고, 삶의 다른 것들이 더 중요하다고 믿기도 한다. 하지만 체념하지 말자. 〈상자 1-4〉에 제시된 효율적인 운동 단계들을 하나씩 시도해보면서 이런 어려움을 다룰 수 있다.

먼저, 당신이 좋아하거나 좋아했고, 꾸준히 할 수 있는 운동 종류를 고른다. 일단 운동 프로그램을 고른 뒤에는 그것을 계속 따르는 것이 가장 중요하다. 우울할 때 그것을 어떻게 할 것인가? 그것이 문제다! 운동을 하루의 핵심 일과로 만들어서 매일의 습관과 일정 속에 포함한다. 이것이 바로 행동이 동기에 우선하는 지점이다. 즉, 별로 생각이 없더라도 지금 바로 운동 프로그램을 시작하고 유지해야 한다는 뜻이다. 그에 대한 의욕은 나중에 따라올 것이다.

한동안 운동을 하지 않았다면, 천천히 시작해서 점차 시간과 노력을 쌓아간다. 매일 10분간 주변을 걷고, 일주일마다 걷는 시간을 조금씩 늘린다. 아니면 집부터 10분간 걸어 나왔다가 다시 집으로 10분간 돌아가기를 시작한 후 점차 이 시간을 늘린다.

저렴한 만보기를 구입해서 이 작은 플라스틱 기계를 허리에 차고 일상생활을 하면서 몇 걸음을 걷는지 셀 수도 있다. 목표는 하루 일과에 걸음을 1,000보씩 늘려서 최종적으로는 하루에 10,000보씩 걷는 것이다. 현실적이고 달성 가능한 목표를 세운다. 일상 활동 중에 더 많은 곳을 걷거나, 승강기

|상자 1-4| 운동 시작과 유지

- 현재 또는 과거에 좋아하던 것을 한다. 재미있는 것을 한다.

- 어떤 종류의 운동 자원에 접근가능한지 살펴본다. 주변에서 안전하게 걸을 수 있는 장소를 찾아본다. 운동교실이나 장비가 있는 체육센터나 헬스장이 있는지 찾아본다. 홈트레이닝 장비가 있거나 구매할 만한지 생각해본다. 계속 운동할 동기를 부여해줄 사회적 지지를 어디에서 얻을 수 있는지 살펴본다.

- 정말 할 수 있는 구체적이고 현실적인 활동을 계획한다. 활동의 종류, 얼마나 자주 할지, 얼마나 오래 할지(빈도와 지속시간)를 정한다.

- 하루 중 운동을 우선순위로 놓고 중요한 일과로 삼는다.

- 운동이 도움이 될 것이라고 믿는다. — 운동이 좀더 쉬워질 것이다.

- 정적인 생활방식에 비해 운동이 갖는 장점과 단점을 적어본다.

- 운동을 하는 개인적인 이유들을 떠올려본다.

- 누군가와 함께 운동한다(산책 파트너나 다른 수강생). — 실제로 나와서 함께 운동할 만한 사람이어야 한다. 좋은 사회적 지지가 될 것이다.

- 함께 계획을 짜고, 당신을 관리하고 동기를 부여해줄 퍼스널 트레이너를 고려해본다.

- 미리 운동을 방해할 핑계들을 파악하고 해결책을 마련해둔다. 예를 들면 활력 수준, 다른 일들과의 균형, 너무 바쁠 때, 너무 피곤할 때, 너무 아플 때, 지루할 때, 창피할 때 등이 핑계가 될 수 있다.

- 개인적으로 의미 있는 목표를 잡는다. 걷거나 뛰는 거리 또는 시간, 구체적인 운동 목표 등이 될 수 있다.

- 자선행사를 위해 훈련한다(걷거나 뛰기, 자전거 마라톤 등).

- 진행 상황을 기록하고 주기적으로 살펴본다.

- 활동 자체에 집중하고, 잘 했는지는 살피지 않는다. 이전 기록이나 남들과 비교하지 않는다.

- 더 익숙해지면 활동의 종류를 늘려서 질리거나 반복적인 부상을 피한다.

- 지금 해낸 것에 대해 스스로를 인정하고 감사한다.

> **새로운 뇌세포가 필요해!**
>
> 뇌세포 또는 뉴런은 스트레스나 질병에 대응하기 위한 보수 · 회복 시스템을 갖고 있어서 새로운 세포를 성장시킨다. 이것을 '신경발생 neurogenesis'이라고 부른다. 이것이 중요한 이유는 우울증이 있을 때 뇌의 크기가 작아진다는 점 때문이다. 따라서 보수하고 새로운 뇌세포를 만들어내는 능력은 기분장애에서 회복되는 데 핵심적이다. 학습이 필요한 기술들(피아노 연주, 새로운 언어 학습, 스트레스 대처, 인지행동치료 기술 습득 등)은 뇌가 성장하고 새로운 뇌세포들의 네트워크(신경망)를 만들도록 자극한다.

대신 계단을 이용하거나, 지하철이나 버스에서 두 정거장 먼저 내리는 것처럼 작은 변화들을 포함시키자.

때로는 신체 운동에 관해 수많은 자동적인 부정적 사고 패턴에 갇힐 수도 있다. '난 소질이 없다'거나 '너무 피곤하다', '나한테는 효과가 없을 것이다' 같은 생각들이 목표를 향해 가는 과정에 끼어들 것이다. 이런 침해적 사고들은 8장 〈인지행동치료〉에 있는 '기분과 사고 관찰 훈련'으로 해결할 수 있다 (195쪽).

신체 운동 지침

무엇이 운동인가? 운동은 신체가 에너지를 써야 하는 모든 종류의 신체활동이나 움직임이 될 수 있다. 미국스포츠의학회는 대부분의 성인에게 정기적인 운동 프로그램이 필수적이라고 이야기한다. 이 협회는 신체단련과 건강상태를 개선하고 유지하기 위해서 일상생활 속의 평상시 활동을 넘어 심폐기능, 저항, 유연성, 신경운동^{neuromotor} 훈련들을 포함하도록 권장한다.

정적인 생활방식, 즉, 신체활동이 제한적인 생활방식은 비만, 당뇨, 심장 질환, 대사증후군, 골다공증 등과 같은 많은 만성질환과 관련이 있다. 유산소 운동과 저항(또는 근력) 운동은 만성질환에 흔히 나타나는 퇴행 과정을 일부 되돌리고 이 질환들의 위험성을 줄이는 데 도움이 될 수 있다. 심지어 장애로 제한을 받을 때조차 신체운동이 가능함을 보여주는 놀라운 이들이 있다. 당신도 그저 창의력을 발휘하고 아마도 시작하는 데 약간의 도움만 얻으면 된다.

근육은 지방이나 뼈보다 더 많은 칼로리를 태우고, 근력 운동을 통해 근육을 늘리면 일상생활에서 사용하는 에너지도 늘어난다. 근력 운동을 하고 난 뒤 72시간 동안 더 많은 칼로리가 소비된다. 나이 든 남성과 여성, 대사증후군에서 흔히 나타나는 복부지방을 줄여주고, 신체기능을 촉진하고, 2형 당뇨의 가능성을 줄이고, 안정혈압을 감소시키고, 골밀도를 증가시키고, 피로, 불안, 우울을 감소시키고, 인지능력과 자아존중감을 높여준다.

다음 운동들을 조합할 것을 권장한다.

- **유산소 운동:** 심박수와 호흡수 증가(〈표 1-7〉의 예시 참고)
- **근력 운동:** 뼈와 근육의 형성과 유지
- **균형 잡기 및 스트레칭:** 안정성과 유연성을 늘리는 요가, 태극권, 기본 스트레칭 등

유산소 운동을 하면 신체의 대근육(다리의 사두근이나 대퇴이두근 따위)이 일정한 기간 동안 움직이고, 심박수와 호흡수가 증가하며, 땀이 난다.

각 운동에서 얻을 수 있는 이득의 양에 영향을 미치는 유산소 운동의 세 요

소는 강도, 빈도, 시간이다(표 1-5). 예를 들어 당신은 한 번에 30분씩(시간), 일주일에 세 번(빈도), 중간 정도의 힘을 들여(강도) 운동할 수 있다.

근력 운동은 신체 근육이 어떤 힘에 저항하게 만드는 것으로서, 웨이트를 들어 올리거나 저항밴드를 밀어내는 것 따위다. 저항 운동이라고도 한다. 근육을 늘리면 신체를 강하게 유지하고 더 많은 칼로리를 태울 수 있다. 근력 운동에도 그 운동에서 얻을 수 있는 이득의 양에 영향을 미치는 세 요소로 강도, 반복, 빈도가 있다(표 1-6). 당신은 9킬로그램짜리 웨이트(강도)를, 15번씩

|표1-5| 유산소 운동의 구성요소		
구성요소	뜻	측정방법
강도	얼마나 힘든가, 얼마나 많은 노력이 필요한가	가벼운, 중간 강도의, 격렬한 활동
빈도	얼마나 자주 그 활동을 하는가	하루 또는 한 주에 하는 횟수
시간	얼마의 시간 동안 그 활동을 하는가	지속한 시간(분)

|표1-6| 근력 운동(저항 운동)의 구성요소		
구성요소	뜻	측정방법
강도	얼마나 많은 무게를 들어 올리는가, 또는 어떤 색상의 저항 밴드를 사용하는가	파운드나 킬로그램 단위의 무게, 또는 밴드 색상
반복	무게를 몇 번이나 들어올리는가, 또는 동작을 반복하는 횟수	동작을 반복하는 횟수
빈도	얼마나 자주 그 활동을 하는가	하루 또는 한 주에 하는 횟수

(반복), 일주일에 세 번(빈도) 들어 올릴 수 있다. 유산소 운동의 예는 〈표 1-7〉에서 찾을 수 있다.

신체 운동의 강도와 지속시간

건강한 성인에게 권장하는 운동지침은 아래와 같다.

- 일주일에 5회 30분 이상 중간 강도의 운동과 매주 2일 이상 근력 운동

    또는
- 일주일에 3회 25분 이상 격렬한 운동과 매주 2일 이상 근력 운동

중간 강도 또는 격렬한 운동이란 무엇일까? 〈표 1-7〉에 중간 강도와 격렬한 운동의 예시가 나와 있다. 강도는 운동에 얼마나 힘을 들여야 하는지를 말한다. 신체활동의 강도를 추정하기 위해서 대화 테스트^{Talking Test}를 이용해보자. 운동을 하면서 대화를 나눌 수 있으면 중간 강도 운동이다. 숨이 차면 격렬한 운동이다. 아니면 중간 강도 또는 격렬한 강도로 운동하고 있는지 알아보기 위해서 운동하는 동안 심박수를 측정할 수도 있다. 목 옆 부분이나 손목 안쪽에 두 손가락을 대고 1분 동안 심박수를 세어본다. 이 측정치를 당신의 목표 심박수(HR)와 비교한다.

- 목표 심박수는 220에서 자신의 나이만큼 뺀 것이다.

|표 1-7| 유산소 운동 강도의 예시

중간 강도의 활동	격렬한 강도의 활동
• 걷기 (시속 5.5km)	• 빠르게 걷기 (시속 6.5~7km)
• 아쿠아로빅	• 조깅 또는 달리기 (시속 8km 이상)
• 평지에서 자전거 타기	• 수영장 왕복 수영
• 복식 테니스	• 에어로빅 또는 스피닝 수강
• 잔디 깎기	• 유산소 운동 기구 사용 (일립티컬 트레이너 등)
• 집 청소	• 빠르게 자전거 타기 또는 산악 바이킹
• 댄스	• 단식 테니스
• 카누, 카약	• 농구
• 골프	• 축구
• 정원 관리	• 고강도 정원 관리 (삽질 등 – 옮긴이)
• 야구나 소프트볼	• 등산
• 아이들과 놀아주기	• 줄넘기

출처: US Department of Health and Human Services, *Physical Activity Guidelines for Americans*, HHS, 2008, www.health. gov/paguidelines/guidelines; US Centers for Disease Control and Prevention, "Measuring Physical Activity Intensity", accessed October 2017, www.cdc.gov/physicalactivity/everyone/measuring.

• 목표 심박수의 50~60퍼센트로 운동하면, 중간 강도 운동이다.

• 목표 심박수의 70~85퍼센트로 운동하면, 격렬한 강도 운동이다.

피트니스 트렌드

최근의 신체활동 트렌드 중에서 고강도 인터벌 트레이닝, 서킷 트레이닝, 그룹 트레이닝과 스마트폰이나 태블릿의 운동 어플 사용이 유용할 수 있다.

이것들은 운동을 실행하고 동기를 유지하는 데 일반적으로 좋은 효과를 내는 편이다.

- **고강도 인터벌 트레이닝**: 최대 능력치로 1~2분간 운동하고 난 뒤, 1분간 강도를 조금 낮추는 방식을 총 30분 동안 반복하는 유산소 운동이다. 이 방식을 걷기, 달리기, 자전거, 수영, 일립티컬 트레이너를 이용하면서 적용할 수 있다. 예를 들어 야외라면 타이머를 이용하거나 아니면 그저 시작점부터 다음 나무나 전신주까지 최고 속력으로 뛰거나 걷고, 속도를 늦추었다가, 다시 시작한다.
- **서킷 트레이닝**: 2~3분간 근력 운동을 한 뒤 러닝머신이나 실내자전거로 2분간 운동을 번갈아 하는 것이다. 보통은 기구들이 모여 있는 헬스장에서 진행한다. 트레이너의 도움을 받는 것이 좋지만, 유튜브나 스마트폰 앱을 활용해 자신에게 맞는 강도의 운동을 시작할 수도 있다.
- **그룹 트레이닝**: 다른 사람들과 함께 운동하는 것을 말하는데, 재미도 있으면서 꾸준히 운동할 동기 부여가 된다. 예를 들어 축구경기장에서 계단을 뛰어 올라가거나 동네에서 달리기를 하는 등이다. 인터넷에서 모임 사례를 쉽게 찾을 수 있다.

운동 진도 파악하기

운동 프로그램을 지속하면 근력, 지구력, 활력 수준이 높아질 것이다. 운동을 할수록, 더 건강해질수록, 그 운동을 계속할 가능성이 높아진다. 내가 읽어본 제일 좋은 조언은 건강을 관리하면서 계속 도전함으로써 주기적으로 한

계점을 올리는 것이다. 신체적으로 건강해질수록 뇌의 회복력도 좋아지고 더 잘 기능하게 된다.

진도를 파악하면 자신의 운동 상황을 확인하고, 향상 정도에 따라 운동 수준을 조절하며, 의욕을 유지할 수 있다. 이를 위해서 주간 계획표나 운동 기록장에 신체활동의 종류와 지속시간을 기록해도 좋다. 개인적 취향에 따라 방법을 선택한다. 이 목적에 맞는 전자기기들이 많이 나와 있고, 그중 일부는 만보기나 핏빗 또는 스마트워치처럼 직접 착용할 수도 있다. 어떤 방법으로 확인하는지는 중요하지 않다. 당신이 쉽게 꾸준히 사용할 수 있는 것이 당신에게 가장 효율적인 방법이다.

생활 계획 세우고 체계 유지하기

일상생활에 반복과 일관성이 있으면 삶을 관리하고 통제하기가 더 쉬워질 수 있다. 일과 중의 변화는 아무리 소소한 것이라도 안정성을 유지하는 신체 능력에 부담을 주며, 특히 기분장애가 있는 이들은 변화에 적응하는 데 더 어려움을 겪는다. 매일의 일과와 그 일과에 영향을 주고 당신에게 스트레스를 주는 긍정적 또는 부정적인 사건들을 주의 깊게 살펴보면 안정성이 높아진다. 이것이 양극성장애 치료법 중 하나인 '사회적 리듬 치료social rhythm therapy'의 근간으로서, 다른 기분장애에도 전반적으로 효과를 보인다.

우울증이 있으면 많은 경우 일상적인 활동을 하는 데 어려움을 겪는다. 혼자 덧없는 시간을 한없이 보내는 게 누구에게도 건강할 리 없을뿐더러 증상도 악화될 것이다. 따라서 매일 규칙적인 계획과 체계를 유지해서 별로 그럴 기분이 나지 않을 때에도 따르는 것이 필수적이다. 일정을 짜고 그 일정을 따르려고 노력하되, 유연할 줄도 알아야 한다. 늘 가지고 다니는 (종이 또는 전자 기기) 체크리스트나 다이어리에 일정을 적어놓는다. 일상을 체계화하고 계획을 따르면 우울증에 흔히 뒤따르는 의욕상실과 기력 감소에도 더 잘 적응할 수 있게 될 것이다.

일과를 계획할 때 균형을 맞추기 위해 꼭 포함해야 할 사항

- 책임과 의무: 직장, 집, 학교, 가정에서 하는 일

- 일상적인 자기돌봄

    – 식사와 영양

    – 약물, 치료, 상담

    – 개인위생: 샤워, 면도, 양치, 옷차림

    – 수면

    – 운동

- 사교 활동: 기분에 긍정적인 영향을 주는 사람들과 함께하기

    – 안전한 사람들과 안전한 상황에서 꾸준히 연락을 유지하기

    – 고립 피하기

- 긍정적 경험

    – 즐겁고 즐길 만한 활동: 삶에서 부정적인 경험들을 피하는 것만으로는 충분하지 않다. 긍정적이고 즐길 만한 경험들도 있어야 한다.

    – 성취하는 활동: 당신이 하기에 약간 어렵고 유능감과 효율성을 느끼게 해줄 만한

도전거리를 찾는다. 새로운 기술을 익히거나 한계를 뛰어넘음으로써 성취감을 느낀다.

- 삶의 목적: 목적의식을 주는 활동들을 포함한다.

일정을 짤 때 고려해야 할 사항

- 우선순위: 가장 중요하게 할 일이 무엇인지 파악한다.
- 측정가능: 활동마다 제한시간을 둔다(시간을 막연하게 잡는 대신).
- 달성가능·현실성: 지금, 현재 상태에서 할 수 있는 일들로 시작한다.
  - 자기에게 맞는 속도를 찾는다.
  - 복잡한 과제를 더 현실적이고 관리 가능한 작은 단계들로 나눈다.
  - 일정을 너무 많이 잡지 않는다. 스트레스와 실패가능성만 높일 뿐이다.
  - 한계를 설정하고, 한계를 넘었을 때에는 안 된다고 말하는 법을 배운다.
- 구체성 · 확실성: 목표와 과제를 명확하게 정의한다.
- 유연성: 자신이 어디에 있고 주어진 시간 동안 무엇을 할 수 있는지 파악하고 필요에 따라 일정을 수정한다. 자신의 현재 상태와 능력을 과거의 수행이나 기능 수준과 비교하지 않는다.

생활 체계 속에 포함하기 쉽도록 당신이 좋아하는 활동과 운동, 사람들의 목록을 작성해보자.

|표1-8| 당신이 좋아하는 활동·운동·사람들

내가 좋아하는 (또는 좋아하던) 것들

내가 좋아하는 (또는 좋아하던) 신체운동 종류 – 지금 할 수 있는 것만

내가 계속 연락하고 싶은 사람들

고립 피하기

사회적 교류는 우리 모두에게 중요하지만, 기분장애 같은 질병을 마주했을 때에는 특히 그렇다. 사회적 교류에는 사회적 수용감, 자아존중감 향상, 친구를 만들고 즐거운 일을 할 기회, 필요할 때 지지를 받을 수 있는 관계형성 같은 많은 장점이 있다. 우리는 모두 정서적 안녕감을 유지하고 주요우울장애에 맞서 스스로를 지켜내기 위해 사회적 교류와 지지가 필요하다.

우울증이 있으면 일상적인 활동에서 위축되고 친구나 가족들과의 연락을 피하는 경향이 생긴다. 집에만 머물면서 옷을 갈아입지 않거나 전화도 안 받고, 그냥 아무것도 안 하고 싶을지도 모른다. 남들과 연락을 하거나 도와주려는 사람들에게 반응해주기조차 꽤나 힘거울 때도 많다. 피로감이나 의욕상실 같은 우울 증상들이 이러한 위축에 영향을 미칠 수 있다. 이런 식으로 혼자 시간을 보내면 외롭고, 고립되며, 슬픈 감정이 늘어날 때가 많다.

고립되어 숨고 싶은 충동에 저항해야 한다. 고립은 당신이나 당신의 뇌에 건강하지 못하다. 사회적 고립과 지지 부족은 우울증 발생 가능성을 높이고 우울 삽화가 길어지게 만들 수 있다. 아래는 고립과 위축의 여러 사례다.

- 대부분의 시간 동안 집에서 혼자, 다른 이들 없이 지냄
- 대면으로 또는 전화를 먼저 걸거나 다시 걸지 않음으로써 가족, 친구와의 대화를 피함
- 다른 사람을 만나기 위해 외출하지 않음
- 평소에 하는 일이나 다른 이들과의 상호작용을 거름
- 예전에 좋아하던 활동을 피함

- 특별한 이유 없이 약속된 만남을 취소함

- 새로운 계획을 잡지 않음

- 진료 약속을 취소함

고립과 고독의 차이

혼자 보내는 시간이 모두에게 같지는 않다. 매일 잠깐씩, 외로운 기분 없이, 혼자 시간을 보내는 것은 유익할 수 있다. 고립이 아닌 고독에는 목적이 있고 충족감과 만족감을 줄 수 있다. 고독은 생각하고, 되돌아보고, 지쳤을 때 쉬거나 재충전하는 기회를 준다. 고독은 우울감으로 인한 고립과 달리, 자신이 선택해서 경험하는 것이다. 모두 살면서 잠깐씩 고독한 시간이 필요하다. 밖에서 조용히 산책하거나, 읽거나, 좋아하는 취미생활을 하는 것은 안녕감에 도움이 될 수 있는 고독의 종류다. 고독도 혼자만의 시간이기는 하지만, 우울증과 함께 오는 고립이나 위축과는 전혀 다르다.

혼자 있는 시간에 어떤 가치를 두고 얼마나 편안하게 여기는지는 사람마다 다르다. 그것은 당신의 기질과 타고난 방식에 새겨져 있고, 사람마다 다르다. 자신이 누구이고 무엇을 좋아하는지 알아야 한다. 예를 들어 종일 가축이나 농작물을 돌보는 농민이나 바다에 나가 있는 어민은 한 번에 며칠씩 다른 사람을 보지 못하더라도 충족감을 느끼고, 외롭거나 고립되었다고 느끼지 않을 수 있다. 그들은 자신이 선택한 장소에서 혼자 지내는 것에 힘겨워하지 않는다. 이것은 그들에게는 건강한 결정이 될 수 있다. 다른 사람은 그렇게 느끼

|표 1-9| 일일 계획표

날짜:	월	화	수
기상 시 분			
7			
8			
9			
10			
11			
12			
1			
2			
3			
4			
5			
6			
7			
8			
9			
취침 시 분			

목	금	토	일

지 않고, 주변에 사람들이 있길 바라서 대도시에 살 수도 있다. 사람들은 무엇이 자신에게 잘 맞는지 보고, 서로 다른 고독 수준의 생활방식을 선택한다.

어떻게 고립과 위축을 피할까? 첫 단계는 그것이 일어날 때 알아차리는 것이다. 자신이 점점 더 시간을 혼자 보내고 있는데, 일부러가 아니라 피곤하고 흥미나 에너지가 없어서 그렇다면, 이것이 고립이다. 특별한 이유 없이 다른 사람들이나 활동들을 피하고 있다면, 이것이 위축이다. 당신만의 고립 징후들을 알아내고 재발방지 실행계획에 포함한다(7장 〈재발방지 전략〉 참고).

혼자 지내는 시간이 고립과 위축이란 생각이 들었다면, 그것을 예방하기 위한 단계들을 밟는다. 우울할 때 고립을 피하는 것은 어려울 수 있다. 밖에 나가 남들과 어울릴 '기분이 들 때'까지 기다리지 말자. 자신을 조금 압박해서 한번에 조금씩, 그냥 해야 한다. 긍정적이고 도와주려 하는 친구나 가족에게 다시 전화를 건다. 실제 통화나 대면접촉을 문자메시지로 대체하지 않는다. 당장 할 수 있는 활동을 하기로 결심하되 필요하면 수정한다. 상태가 좋을 때 하던 모든 것을 다 하려면 힘들 수 있으니, 활동들을 작은 단계들로 나눈다. 집 밖으로 나간다. 한번에 한두 가지의 일만 하고, 전부 다 하려 들지 않는다. 가게 점원에게 인사를 한다. 지금은 평소 하던 운동을 전부 하려 들기보다는 동네를 10분만 산책한다. 그러다 보면 더 쉬워질 것이다.

할 일과 일정들을 적어놓으면 주저앉고 싶은 마음을 다스리는 데 도움이 된다. 〈표 1-9〉를 참고해서 종이에 써도 되고 전자기기에 써도 된다. 그렇게 해서 혼자 있고 싶은 생각이 들 때에도 따를 수 있는 구체적인 계획들을 만든다. 핵심은 그럴 기분이 아닐 때에도 정해진 일정을 따르는 것이다. 책임지고 다 끝내도록 마음먹는다. 그리고 이것을 이루어낸 자신을 인정해주자.

〈 Chapter 02 〉

기분장애는
치료 가능한 질병이다

• 기분장애에 대한 이해 •

◆
◆

"때로 우리는 일련의 신체적·정서적·대인적 증상들을
오랜 시간 경험해서 그것들이 증상이라는 생각조차 못한다.
너무 익숙해져서 원래 그렇다고 생각하는 것이다."

– 마저리 핸슨 셰비츠

작가 마저리 핸슨 셰비츠의 이 말은 우울증을 겪는 사람들에게 아주 잘 들어맞는다. 증상이 오랫동안
지속되고 기억이 흐릿해지면, 과거의 자신이 어땠는지 기억하기 어렵다. 지난한 우울증의 증상들에
익숙해지면 그것을 '원래의' 자신으로 생각할 수 있다. "난 원래 이런 사람이야." 아니, 그것은 사실이
아니다. 기억하자. 지금의 모습은 당신의 원래 모습이 아니다.

기분장애^{mood disorder}는 주요우울장애와 양극성장애를 포함하는 정신질환의 한 종류다. 이 질병들은 생물학적 근거가 있으며 치료 가능한 뇌의 상태로, 우리의 사고와 감정, 행동에 영향을 미치는 내적 자아의 한 부분인 기분 또는 마음의 상태에 발생한 장애다. 이 두 질환이 함께 묶인 것은 같은 임상적 특징을 일부분 공유하기 때문이다.

주요우울장애란?

주요우울장애 또는 우울증, 주요우울증, 단극성 우울증은 사고와 감정, 행동, 관계, 활동, 흥미 등과 삶의 다른 많은 영역에 영향을 미친다. 우울증이 있는 사람은 일상생활의 평범한 활동을 수행하는 데 어려움을 겪을 때가 많다. 우울증은 대개 재발과 완화를 반복하지만 치료 가능한 질병이다. 병의 재발과 완화란 정해지지 않은 주기를 두고 '삽화^{episode}'라고 불리는 증상들이 나타났다 사라졌다를 반복한다는 뜻이다.

우울 삽화는 몇 주, 몇 달, 또는 더 길게 지속될 수 있다. 증상의 심한 정도는 계속해서 달라질 수 있고, 양상은 사람마다 다르다. 어떤 이는 한 번 또는 몇 번만 삽화를 경험하고 오랫동안 경험하지 않기도 한다. 각 삽화의 지속기간을 예측하거나 누군가가 앞으로 다시 삽화를 겪을지, 또는 언제 겪을지 정확히 알기란 거의 불가능하다.

이런 이야기가 기분장애에 대한 즉각적인 치료법을 기대하거나 다시는 증상이 돌아오지 않기를 바라는 이에게는 용기를 꺾는 소식일지 모른다. 안타깝지만, 그런 일은 잘 발생하지 않는다. 오랜 기간 동안, 몇 년 또는 몇 십 년 동안 잘 지내고 있다 할지라도, 삶의 어떤 지점에 또 다른 삽화가 나타날 가능성도 충분히 높다.

현실적으로 우울증은 시간에 따라 기분이 좋을 때와 나쁠 때가 있는 것이 특징인 의학적 상태인데, 좀더 심하기는 하지만 기분장애가 없는 이들이 가끔씩 기분이 저조해지는 것과 크게 다르지 않다. 우리의 목표는 이 반복되는 삽화들을 약하게, 그리고 최소한으로 유지하는 것이다. 질병 관리를 위한 조치들을 일상적으로 취하고 위험징후가 나타났을 때 잘 대처하면 이런 목표를 이룰 수 있다. (정신과적 삽화 같은) 삶의 고난과 역경 속에서도 회복해낼 수 있

반복되는 우울 삽화

연구자들에 따르면 우울 삽화를 한 번 겪은 이들 중에서 대략 60퍼센트는 언젠가 두 번째 삽화를 겪는다고 한다. 두 번의 삽화를 경험한 이들의 70퍼센트는 세 번째를 겪고, 세 번의 삽화를 경험한 이들의 90퍼센트는 네 번째를 경험할 것이다. 이 이야기를 하는 이유는 좌절하게 하려는 것이 아니라, 치료를 받고 병을 관리하는 일이 그만큼 중요하다는 사실을 강조하기 위해서다.

는 방법인 회복탄력성 기술을 강화하는 것도 도움이 될 수 있다.

병의 양상과 그것이 생활사건 life events(개인이 일상생활에서 경험하는 긍정적·부정적인 모든 사건 – 옮긴이)과 맺는 관계를 살펴보기 위한 한 방법으로 '기분 기록지'를 통해 매일의 증상들을 관찰하는 방법이 있다. 〈표 2-4〉에 제시한 기분 기록지 사용법은 아주 간단하다(100쪽). 그저 그날의 기분을 최대한 잘 추정한 뒤 기록지에서 해당하는 칸에 표시만 하면 된다. 그리고 비고 칸에 기분에 영향을 미쳤을 만한 것을 적어 넣는다. 예를 들면 약물 변화, 스트레스를 받은 일이나 다른 증상, 월경, 자녀 출산, 폐경기(완경기) 같은 호르몬 변화 등이 있다. 이런 세세한 변화를 따라가면 치료의 진행 과정과 당신의 반응을 확인하기 좋다. 이 정보를 이용해서 의사와 치료방법을 결정하거나 심리상담 회기에서 이야기할 지점을 찾을 수도 있다.

우울증의 원인은 유전자 때문일까?

우울증에 관한 오래된 이론 중 하나는 우울증이 신경전달물질이라고 불리는 뇌의 화학물질 불균형과 관련이 있다는 것이다. 이 화학물질은 뇌세포(뉴런)가 서로 소통하는 것을 도와준다. 신경전달물질은 뇌 전체에서 발견되며, 감정과 행동을 관장하는 부위에도 존재한다. 민감한 사람에게 어떤 생활사건이 발생하면 화학적 불균형이 생겨날 수 있다. 무엇이, 누군가를, 민감하게 만드는지는 아직 완전히 밝혀지지 않았다.

우울증에 관한 더 새로운 이론은 유전자와 생활사건(외부 환경)의 상호작용이 뇌세포 간의 복잡한 네트워크를 조형한다는 것이다. 이것을 '유전자×환경 이론'이라고 부른다. 환경에는 사람들, 생각들, 몸 안에서든 밖에서든 우리 주변에서 일어나는 일들이 포함된다. 내부나 외부의 스트레스, 질병이나 충격적인 사건일 수도 있다. 스트레스가 되는 생활사건의 예로 큰 상실이나 죽음, 결혼이나 이혼, 취업이나 실업, 만성적인 스트레스, 호르몬 변화(가령 갱년기나 산후의), 의학적 질병, 약물 남용, 수면장애, 또는 자녀의 탄생이나 이사처럼 긍정적인 사건들도 있다.

유전자는 세포의 염색체를 만들어내는 분자들의 특정한 배열(DNA 염기순서)로서 부모 각자에게서 물려받는다. 유전자는 신체가 특정한 단백질을 이용해 두뇌 기능이나 여타 정상적인 신체 기능을 통제하도록 지시한다. 과학자들은 유전자가 일부 질환과 관련되어 있음을 발견하였는데 헌팅턴병, 낭포성 섬유증, 그리고 조현병이나 양극성장애, 우울증 같은 일부 정신질환이 그 예다. 하이드, 펄리스와 동료들의 최근 연구는 유럽 혈통의 사람들에게서 주요우울장애와 관련 있는 유전자 15개를 밝혔다. 그리고 양극성장애에 대한 민감성과 관련 있는 유전자도 11개가량 찾아냈다. 이러한 연구결과들은 이 질병에 대해 더 잘 알게 해주고 새로운 치료법을 고안하게 해준다.

우울증에 대한 유전자×환경 이론의 설명방식은 이렇다. 뇌는 취약한 인생 시기에 발생한 스트레스와 충격을 주는 사건들에 민감하다. 스트레스나 질병처럼 부정적인 자극이 특정 유전자의 작용을 변화시킨다. 이렇게 되면, 그것이 뇌세포들이 연결된 모양(신경망)과 작동방식에 영향을 미친다. 스트레스나 질병에 취약한 시기에 유전자 작용을 변화시키면, 유전자와 뇌가 제대로 기능하지 못한다. 요약하면, 스트레스나 질병 같은 부정적 자극이 유전자 작용을 변화시키고, 그 결과 뇌의 신경망이 기능장애를 일으킨다. 그것이 취약한 시기에 일어나면 우리의 감정, 생각, 행동에 영향을 미치고, 그 결과가 우울증으로 나타난다. 우울증은 전적으로 유전되는 것도 아니고 전적으로 인생 경험과 관련 있는 것도 아니다. 우울증은 어떤 사람이 취약한 시기에 두 가지가 동시에 일어남으로써 그 영향으로 발생한다.

우울증을 겪기 쉽게 만드는 유전적 요인이 있다고 해서 반드시 병을 앓게 되는 것은 아니다. 우울증에 유전적으로 취약하다 해도, 어떤 부정적인 생활 사건을 겪기 전까지는 우울 삽화를 겪지 않을 수 있다. 이런 경험들이 뇌의 기능을 조율하는 유전자에 영향을 미치는 것으로 보인다.

우울증이 대물림되는 많은 경우들은 병의 유전적 근거가 있다는 생각을 지지해준다. 이것은 그 정의상 같은 유전형질을 일부 공유하는 쌍둥이의 여러 우울증 연구에서도 나타난다. 연구에 따르면 우울증이 있는 이들의 직계 가족은 우울증의 위험성이 높다. 이것은 부분적으로 유전적으로 공유된 성질에 따른 것이며, 공유된 가족 경험과는 독립적으로 관찰된다. 이 결과들은 우울증의 선천성(유전) 이론을 지지한다.

우울증이 찾아올 때는 어떤 느낌일까?

주요우울장애는 슬프거나 우울한 느낌과 함께 활동에 대한 흥미상실이 특징적이다. 우울증의 증상은 심리적·행동적·신체적이다. 미국정신의학회 (APA)에서 나온 『정신질환의 진단 및 통계 편람』 최신판(DSM-5)에 따르면,

|상자 2-1| 우울증의 진단기준

• 거의 하루 종일 슬프거나, 우울하거나, 짜증나는 기분	• 활력 상실
	• 사고력 또는 집중력 저하
• 대부분의 활동에 흥미나 즐거움 저하	• 초조함 또는 신체적으로 지연되는 느낌
• 수면 변화 — 과다수면, 불면, 또는 너무 일찍 깸	• 무가치감, 좌절감, 죄책감
	• 죽음과 자살에 대한 생각
• (의도적이지 않은) 체중 감소 또는 증가	

출처: American Psychiatric Association, *Diagnostic and Statistical Manual of Mental Disorders*, 5th ed. (Washington, DC: APA, 2013).

주요우울장애로 진단하기 위해서는 〈상자 2-1〉에 제시된 증상들 중 5개 이상이 2주 이상 지속되어야 한다(증상 중에 우울감 지속 또는 흥미 저하가 1개 이상 꼭 포함되어야 한다). 사람에 따라 DSM-5에 나오는 우울증 진단기준 9개 항목이 다양한 조합으로 해당되어 서로 다른 유형의 우울증(예를 들어 비정형적 atypical, 정신병적 psychotic, 멜랑콜리아 melancholic 또는 계절성 seasonal)을 만들어낼 수 있다.

우울 삽화는 어떤 느낌일까? 우울증과 함께 사는 것은 당신과 당신의 가족, 친구들 모두에게 아주 괴롭다. 우울증은 하루쯤 '기분이 울적'한 것이 아니다. 그것은 그저 슬픈 기분을 한참 넘어선다. 우울증에는 깊은 절망감, 신체적이고 정서적인 아픔과 괴로움이 따른다. 거의 마비에 가까울 만큼, 신체적으로도 정신적으로도 삶을 영위하고 즐기는 것이 불가능할 때도 많다. 시간과 날들이 끝나지 않는 것 같고, 고통과 괴로움으로 가득하다. 우울증에 걸리면, 세상이 암울한 회색빛으로 변하고, 삶의 어두운 모습들만 눈에 들어온다. 죄책감을 느끼거나 무가치하다고, 아무 희망이 없다고 느낄 수도 있다. 괜한 짜증이 당신이 주변 일에 가장 흔히 보이는 반응일지 모른다. 전에 좋아하던 것들에 흥미를 잃고 어떤 즐거움도 느끼지 못할 수 있다.

의욕은 거의 사라진다. 잠이 오지 않거나, 너무 많이 오거나, 어쨌든 잠자리를 빠져 나와 움직이기가 힘들다. 피로감은 감당할 수 없을 정도다. 음식도 아무 맛이 없다. 사람과 활동에 거리를 두게 되고 친구들을 잃을지도 모른다. 대화를 나누고 잡담을 하려면 큰 노력이 필요하다. 생각이 둔해지고, 집중하기 힘들다. 학교와 일터가 고통스럽다. 프로젝트, 약속, 이메일이 쌓이고, 손에 쥔 일을 처리할 수가 없어서 몇 시간씩 그저 보고만 있을지도 모른다. 머릿속의 생각들은 대개 왜곡되고 부정적이지만, 당신에게는 꽤나 그럴싸해 보인다. 생각이 두서없이 떠오를지도 모른다. 그리고 때로는, 죽음이 안식을 가져다 주리라 믿을 수도 있다.

양극성장애란?

양극성장애란, 예전에는 조울증으로 불리던 기분에 뚜렷한 변동을 불러일으키는 뇌 관련 질병이다. 주요우울장애와 마찬가지로 평생 동안 재발과 완화를 반복하는 기분장애로서, 일상생활에 큰 영향을 미치고 뇌의 뉴런들의 연결망 기능장애 때문에 생기는 것으로 알려져 있다.

양극성장애의 증상은 전형적으로 10대 후반이나 성인기 초기에 나타나지만, 일부는 아동기에 첫 증상을 보인다. 양극성장애는 삽화라고 부르는 강렬한 정서 상태가 주기적으로 나타나는 것이 특징적이며, 극단적으로 고양된 기분이나 과민함(조증 또는 경조증)이 주기적인 우울 삽화와 번갈아 나타난다. 이 삽화들은 주기를 가지고 반복되는데, 그 양상은 사람마다 다르다. 양극성장애는 많은 경우에 병의 고양된 (조증) 시기보다는 우울기가 더 오래 지속된다. 먼저 우울증 증상을 경험하고 시간이 좀 지난 후에 조증/경조증 증상을 겪는 경우도 종종 있다.

양극성장애의 증상들은 주요우울장애 증상과 매우 비슷하며, 처음에는 둘 사이의 차이를 구분하는 것이 어려울 수도 있다. DSM-5에 제시된 양극성장애 진단기준은,

- 현재 첫 번째 조증/경조증 삽화를 경험하고 있거나

   또는

- 과거에 언젠가 조증/경조증 삽화가 있어야 한다.

|상자2-2| 조증의 진단기준	
• 과장된 자아개념 또는 거대자신감	• 주의산만, 집중력 감소
• 목표지향적 활동의 증가 또는 정신운동성 초조 상태(목적 없는 과다활동)	• 병적 수다, 평소보다 말이 많아짐
	• 위험한 행동(과도한 소비, 충동적인 성행위 등)
• 수면 욕구 감소	
• 사고 비약	

출처: American Psychiatric Association, *Diagnostic and Statistical Manual of Mental Disorders*, 5th ed. (Washington, DC: APA, 2013).

DSM-5에 따르면 조증 삽화로 진단하기 위해서는 일주일 이상 일상생활의 기능을 저해하는 고양되거나 과민한 반응을 경험하고, 〈상자 2-2〉에 나열된 증상 중 3개 이상이 있어야 한다.

양극성장애의 유형

양극성장애의 여러 유형은 양극성장애 1형, 양극성장애 2형, 양극성 스펙트럼, 혼합형 같은 증상들의 스펙트럼을 아우른다. 그 유형은 기분 고양 증상의 강도와 지속기간에 따라 분류한다.

양극성장애 1형을 지닌 이는 대개 조증 삽화와 우울 삽화를 지니고, 자신의 시간 중 30퍼센트 정도는 우울기에, 10퍼센트는 조증기에 빠져 보낸다. 양극성장애 2형을 지닌 이는 경조증 삽화와 지속되는 긴 우울 삽화를 겪는데, 특히 시간의 50퍼센트 가량은 우울기로, 1퍼센트는 조증 또는 경조증 상태로 보낸다. 양극성 스펙트럼의 증상들은 이 중간에 위치한다. 조증 삽화는 고양된 기분 또는 과민성이 있는 상태이고, 경조증 삽화는 비슷하지만 더 짧고 덜 강렬하며, 혼합 삽화는 우울증과 조증 또는 경조증이 섞여서 동시에 발생하는 것이다. 양극성장애 유형 중의 한 유형은 조증과 우울증 사이를 급격히 오가는 양상이 특징적으로, 한 해에 네 번 이상의 삽화를 경험한다. 이것을 급속순환형이라고 부른다.

양극성장애는 어떤 느낌일까?

우울기와 조증, 경조증, 또는 혼합 삽화라는 서로 다른 상태를 경험하며 사는 것은 매우 힘들다. 우울할 때에는 친구들과 가족에게서 멀어지거나 사람들과 함께 지내기에는 너무 예민해질 수 있다. 종종 직장이나 학교에서 집중하고 맡은 일을 하는 것이 불가능할 때도 있다. 주요우울장애처럼 하루가 길고 끝나지 않는 것 같다. 조증이나 경조증이 되면 머릿속에 폭풍우가 일어난 느낌이다. 생각과 말이 한 생각을 끝마치기도 전에 이 주제에서 다른 주제로 뛰어넘는다. 너무 혼란스럽고 산만해서 그 당시에는 알지 못하지만 무언가를 제대로 해내기 어렵기도 하다. 사실 조증 상태에서는 원하는 것은 무엇이든 할 수 있고, 원대한 꿈이 있다고 생각할지 모른다. 프로젝트 여러 개를 시작하고 어떤 것도 끝내지 못하고 중단하기도 한다.

별로 잠을 자고 싶지도 않고, 여전히 기운이 넘치고 피곤하지 않다. 극단적인 충동을 느끼거나 위험한 행동, 가령 지나친 쇼핑이나 과도한 성행위, 과속 등을 하기도 한다. 그런 충동들 때문에 경제적으로 또는 사업적으로 좋지 못한 결정을 내리게 될 수도 있다. 이 모든 것들이 당신의 삶과 친구, 가족, 동료들과의 관계에 영향을 미친다.

기분장애는 어떻게 진단할까?

기분장애를 진단하기 위한 혈액검사는 없으며 연구세팅 외에는 쉽게 이용

가능한 스캔 방법도 없다. 뇌의 질환은 뇌의 화학물질과 세포, 구조의 변화를 불러일으키는데 최근까지도 그것들을 관찰하고 측정하기가 어려웠다. 이 문제는 사람들이 그 질환이 진짜라는 것을 믿기 어렵다는 뜻이고, 그래서 정신질환에 대한 낙인이 더 커졌다.

이제 뇌 영상 기술들이 연구에서 사용되고 있다. 자기공명영상(MRI), 양전자단층촬영(PET), 기능적 자기공명영상(fMRI) 등이다. 이 영상기록들에서 나온 초기 증거들은 기분장애가 있는 사람의 뇌가 건강한 사람의 뇌와 다를지 모른다고 시사했다. 예를 들어서, 과학자들은 양극성장애에서 유전적 차이가 뇌세포들 간 화학물질의 생성과 분비에 영향을 미치는 것을 알게 되었다. 이 차이가 뇌의 작동방식을 조율해 우리의 사고, 감정, 행동의 변화를 이끈다. 노스캐롤라이나 대학교 의과대학의 연구자들은 주요우울장애가 있는 이들이 상담치료에 보일 치료적 반응을 예측하기 위해서 뇌의 휴지기 기능적 연결성 MRI(rs-fcMRI) 스캔을 이용하는 기술에 관해 보고한 바 있다.

임상 현장에서는 진단을 내리기 위해 의사가 당신의 활력징후(심박수, 혈압)를 재고, 기본적인 신체검사를 한 뒤, 지금 기분이 어떻고 어떤 증상을 겪고 있는지에 관한 일련의 상세한 질문을 던질 것이다. 그 주제들은 수면, 식욕, 체중, 취미, 일상생활, 일이나 학업, 사회적 지지, 자신을 해치는 것에 관한 생각 등이다. 생각하고, 추론하고, 자신을 표현하고 기억하는 능력을 검사하고, 기분과 행동, 전반적인 외양을 관찰하는 등의 '정신건강평가'가 정신질환을 진단하기 위한 다음 단계이다. 가족의 병력에 대한 질문도 받을 것이다. 다음으로 혈액검사와 소변검사를 해서 갑상선 문제나 체내의 약물 여부(약물검사에서 나타날 것이다) 같은 신체적 문제가 질병을 일으킨 것은 아닌지 확인한다.

치료 저항성 우울증

우울증의 치료계획을 정하는 것은 정신과 의사의 숙련된 경험이 필요한 복잡한 의학적 결정이다. 이 과정은 대개 가장 좋은 항우울제 처방을 결정하기 위해 정신과 의사와의 논의를 통해 이루어진다. 그러나 정해진 치료 과정을 한 번 다 마친 후에도 어떤 이들은 증상이나 기능 수준이 개선되지 않는다. 그런 경우 사람들은 낙담해서 "그 항우울제는 나한테는 안 맞아!"라고 말할지 모른다. 불과 얼마 전까지만 해도 대체로 그런 사람들은 그저 적절한 양을 처방받지 못했거나, 처방받은 대로 먹지 않았거나, 부작용 때문에 복용을 중단했을 것이라고 생각해왔다. 그러나 이제 정신과 의사들은 치료에 반응하지 않는 사례들을 더 잘 이해하고 있다. 먼저 이 문제를 다룰 때 필요한 용어들을 알아두는 것이 도움이 될 것이다(표 2-1).

항우울제 치료에 대한 반응은 몇 주나 몇 달이 걸려 나타나는 경우가 흔하다. 만족스러운 반응이나 회복 수준에 도달하기 위해 여러 번의 치료를 시도해야 하는 경우도 많다. 정신과 연구자들에 따르면 60~70퍼센트의 사람들에게 항우울제 처방이 도움된다. 우울증이 있는 이들 중 절반가량이 첫 번째 항우울제 치료에 반응을 보인다. 한 번의 치료 과정을 모두 마친 후 단 3분의 1만이 완전 관해full remission에 도달한다.

그렇지만 주요우울장애가 있는 이들 중 30퍼센트가량은 항우울제 약물이나 심리치료에 반응을 보이지 않고 치료 저항성 사례로 분류된다. 이것은 큰 좌절을 부를 수 있다. '치료 저항성 우울증treatment-resistant depression'이라는 용어에 대해 공인된 정의는 없다. 적절한 양과 기간 동안 한 차례 약물치료를 마

|표 2-1| 항우울제 치료 반응에 관한 정의	
반응 response	증상이 부분적으로 개선되고 표준화된 평가 질문지로 측정한 우울증 심각도가 50퍼센트 이상 줄어듦
관해 remission	우울 증상이 완전히 사라짐
재발 relapse	한 삽화에서 '부분적' 회복된 후에 우울 증상이 완전히 돌아옴
재현 recurrence	한 삽화에서 '완전히' 회복된 후에 우울 증상이 완전히 돌아옴

출처: A. A. Nierenberg and L. M. DeCecco, "Definitions of Antidepressant Treatment Response, Remission, Nonresponse, Partial Response, and Other Relevant Outcomes: A Focus on Treatment-Resistant Depression," Journal of Clinical Psychiatry 62, suppl 16 (2001): 15~19에서 수정.

친 뒤에도 개선되지 않음을 의미할 수도, 몇 달 동안 약물치료와 다른 치료, 상담치료나 전기충격요법(ECT) 등을 세 차례 이상 시도한 뒤에도 반응하지 않음을 의미할 수도 있다. 정신과 의사들은 우울증을 겪는 환자에게 좌절하거나 치료를 포기하지 말라고 격려하는데, 무엇이 누구에게 효과를 보일지 알기가 힘들기 때문이다.

치료 저항성 우울증의 세 가지 주요 원인

❶ 약물 선택과 용량 문제

먼저 항우울제는 특정한 기간 동안 정해진 양을 복용했을 때 가장 효과가 좋다는 점을 이해해야 한다. 문제는 모든 사람에게 잘 맞는 절대적인 '정확한' 처방 용량이 없다는 것이다. 용량은 나이, 성별, 몸무게, 신체적 건강, 다른 복용약 등에 따라 달라질 수 있다. 항우울제를 견뎌내는 데 문제가 있는 이들도 있고, 그 약물이 신진대사되는 속도가 더 빨라지거나 느려지는 유전적 경향성을 지닌 사람도 있다. 항우울제의 종류도 다양하기 때문에 어떤 약물들은 다른 것보다 특정한 종류의 우울 증상에 더 잘 작용할 수도 있다.

치료 실패는 그 사람이 자신에게 가장 효과적인 항우울제를 받지 않아서일 수도 있다. 용량이 너무 적거나, 복용기간이 너무 짧았는지도 모른다. 아니면 부작용이 너무 힘들어서 적정 용량까지 높이지 못했을 수도 있다. 이 경우는 새로운 약물들이 나오면서 최근에는 덜 흔한 사례가 되었다. 약물 선택과 용량 문제는 때로 일반 주치의 같은 비정신과 의사들도 흔히 항우울제 약물을 처방하기 때문에 일어날 수도 있다. 이런 의사들은 물론 지식이 풍부하지만, 특별히 전문 분야가 아닌 경우라면 이 복잡한 약물들의 미묘한 차이에는 덜 익숙할 수 있다. 치료 효과에 영향을 미치는 또 다른 요인은 때때로 우울증이 있는 사람들이 꾸준한 약물 복용에 어려움을 겪어서 복용을 건너뛴다는 점이다. 이런 현상은 하루에 여러 번 약을 먹기가 힘들거나, 약물에 부작용이 있거나, 다른 개인적인 이유들 때문일 수 있다.

❷ 부정확한 진단

양극성장애가 있는 어떤 사람이, 예를 들어 단극성 (주요)우울증과 아주 비슷해 보이는 증상으로 도움을 요청하면 부정확한 진단이 나올 수 있다. 그 차이를 알아내기가 까다로울 수 있다. 이번 증상이 그 사람의 첫 번째 삽화이고 조증이나 경조증 삽화가 아직 없었거나 관찰된 적이 없었다면, 아직은 양극성장애 진단을 내리기 어렵다.

불행하게도 양극성장애가 있는 사람은 표준적인 항우울제 치료에 잘 반응하지 않을 것이고 '치료 실패'나 '치료 저항성'이 있는 것으로 잘못 생각할 수 있다. 또 다른 예로 DSM-5의 우울증 진단기준 9가지가 다양한 조합으로 나타나는 사람들이 있다. 때로 하위유형의 우울증(비정형, 정신병적, 멜랑콜리아, 계절성)이 있어서 치료 제공자가 정확히 판단하지 못할 수도 있다. 우울증의 여러 하위유형은 다양한 항우울제 약물에 다르게 반응한다고 여겨진다. 이것이 문제가 되는 이유는 항우울제 약물 선택의 정확성과 그 결과에 영향을 미칠 수 있기 때문이다.

❸ 치료의 종류와 용량, 기간은 적절했으나 무반응

앞선 두 원인보다는 훨씬 적지만 적절한 종류와 용량, 기간을 처방받고도 치료에 반응하지 않는 사람들이 있다. 이들은 진짜 치료 저항성을 경험하고 있는 것인지 모른다. 이 유형의 치료 저항성 우울증에 쓸 만한 몇 가지 치료법이 있다. 약물은 ① 다른 항우울제로 변경, ② 항우울제의 효과를 강화해줄 비非항우울제 약물 추가(강화augmentation라고 부름), ③ 여러 종류의 항우울 약물을 함께 병합할 수 있다.

강화 전략에는 리튬, 비정형 항정신성 약물, 갑상선 호르몬, 생약 제품, 몇몇 항경련제 신약 사용이 포함된다. 예를 들어 케타민ketamine은 항우울제가 아니지만, 어떤 사람에게는 항우울 효과를 낸다. 케타민은 오랫동안 마취용으로 고용량을 처방해왔지만, 스페셜 K라고 불리는 '클럽 마약'으로 남용될 가능성도 있다. 케타민은 NMDA 글루탐산수용체로 불리기도 한다. 항우울 효과는 인체가 케타민을 작은 분자 단위로 분해할 때 형성되는 화학적 부산물 중 하나 때문에 발생하는 것처럼 보인다. 이 약을 낮은 용량으로 사용하면

24시간 동안 우울 증상을 개선하지만 효과가 점차 떨어지므로, 정맥주사나 코로 흡입하는 분무 형태로 다시 투여해야만 한다. 장기적 효과에 대한 제한적인 증거와 반응 유지를 위한 반복 투여의 필요성, 남용 가능성, 인지손상(사고의 어려움) 사례 보고, 반복 사용 시 발생하는 방광 문제 같은 염려들이 남아 있다. 케타민은 표준 항우울제 치료를 적절히 시행하고도 반응이 없는 이들을 위해 남겨 두어야 하지만, 더 많은 연구가 필요하다.

치료 저항성 우울증의 대안

치료 저항성 우울증의 대안으로는 상담치료(심리상담)와 신경자극술 neurostimulation이 있다. 신경자극술은 뇌의 기분중추를 자극하기 위해 아주 낮은 전류나 자기장을 사용한다. 신경자극술은 침습적(검사용 장비의 일부 따위가 체내 조직 안으로 들어가는 것)일 수도, 비침습적일 수도 있다. 사용가능한 비침습 방법으로 충격요법이라고도 부르는 전기충격요법(ECT)과 반복적 경두개 자기자극술(rTMS)이 있다.

ECT는 가장 중증의, 정상적인 생활이 불가능한 형태의 우울증과 고연령의 환자들이나 항우울제를 견디기 어려운 이들이 선택 가능한 치료법으로 남아 있다. ECT는 아주 단기간 지속되는 진정제를 써서 몇 분 동안 잠이 들게 한 뒤 진행한다. 접착패드를 두피에 붙이고 몇 초 동안 두피를 통해 뇌로 낮은 전류를 흘려보낸다. 아프지는 않다. ECT는 일주일에 세 번씩 12회가량 진행하고, 필요하면 유지 회차를 잡는다. 처치 당일에는 가벼운 두통과 기억력 저하가 있을 수 있다. 다른 종류의 비침습성 신경자극술인 rTMS는 깨어 있는 동안 진행하며 통증은 없다. rTMS는 두피에 전자기 코일을 갖다 대서 두피를 통해 뇌의 기분중추로 자기장을 흘려보낸다. 매일, 한 번에 15분씩, 6주 동안 진행하고 유지 회차를 갖는다.

뇌심부자극술(DBS)이나 미주신경자극법(VNS) 같은 침습적 요법은 수술이 필요하며 가볍게 여겨지지 않는다. DBS는 미소전극microelectrode을 정확한 뇌 부위에 주의 깊게 집어넣는 수술적 방식이다. 그리고 작은 전류를 보낸다. DBS는 보통 우울증을 완화한다. VNS는 목 좌측의 미주신경을 둘러싸도록 전극선을 수술적으로 삽입한다. 전극선은 심박조율기 배터리와 비슷하게, 좌측 흉벽에 있는 자극 발생기와 연결되어 있다. 배터리에서 전극선을 따라 작은 전기자극을 주면, 전극선이 신체와 뇌의 기분중추가 상호작용하는 통로인 미주신경을 자극한다. 자극발생기는 대개 컴퓨터에 연결한 작은 장치를 이용해 프로그래밍한다. 자극발생기는 5분마다 20에서 30초 동안 미주신경에 전기자극을 준다. 자극하는 동안 잠깐씩 목이 쉴 수 있다.

여성 우울증

어떤 여성들은 난소에서 분비되는 여성 성호르몬인 에스트로겐과 프로게스테론이 정상적으로 생애주기에 걸쳐 변화할 때에 우울 증상도 함께 변하는 것을 경험한다. 이런 변화가 월경이 시작되기 직전에 일어나면, 월경전증후군(PMS)이라고 부른다. 월경전증후군은 신체적·정서적·행동적 증상들로 인한 장애로, 월경이 시작되기 1~2주 전에 시작해 월경이 시작하면 끝나는 양상을 보인다. 분노, 불안, 우울, 짜증, 집중력 저하, 부종, 유방 압통, 피로감, 근육통 등의 증상을 보인다. 더 심각한 형태의 월경전증후군은 월경전 불쾌장애(PMDD)라고 부르고, 과민성이 주요 증상이다.

월경전 불쾌장애는 최근에 염색체 속 일련의 유전자들과 연관성이 연구 중이다. 이것은 여성의 정신건강에서 대단한 발견으로, 월경전 불쾌장애가 있는 여성은 세포가 성호르몬에 반응하는 방식에 기본적인 차이가 있음을 보여주기 때문이다. 이는 월경전 불쾌장애가 단순히 예측 불가능한 감정적·행동적 문제가 아니며, 여성 스스로 통제할 수 없다는 증거이다. 지금까지는 성호르몬과 기분장애를 연결하는 과학적 증거가 그리 많지 않았다. 많은 의사들이 직접적인 치료방법은 별로 없지만 환자들의 주장을 일리 있는 일화적인 증거로 받아들일 뿐이었다. 월경전 불쾌장애의 유전적 연관성에 관한 증거는 이 질병과 여타 성호르몬 관련 기분장애에서도 치료법이 나타날 수 있다는 가능성을 보여준다.

여성들은 임신 중에 또는 출산 이후에 우울증을 겪을 수 있는데, 이것은 산후우울증으로 불린다. 이 우울증은 가벼운 '출산 후 혼란' 이상이다. 산후우울증은 여성이 경험 중인 성호르몬의 급격한 변화와 관련이 있다. 산후우울증의 증상들은 약하게, 한 번씩 슬프고 눈물이 날 수도 있지만, 깊고 심할 수도 있다. 산후우울증을 치료하지 않으면 그 여성과 아기, 나머지 가족들의 건강에도 영향을 미친다.

우울 삽화는 폐경기를 겪는 여성 중 일부에게서도 나타난다. 폐경기는 신체가 저절로 성호르몬 주기를 늦추고 여성이 월경을 멈추게 되는 것이다. 난소의 기능이 줄어들기 시작하면, 에스트로겐(또는 에스트라디올)을 적게 만든다. 이렇게 호르몬이 떨어지면 일부 취약한 여성들에게 우울증이 나타날 수 있다. 피로, 수면문제, 집중력 저하와 사소한 사항에 대한 기억력 감퇴, 열감, 야간 식은땀, 감정기복 등의 증상이 나타난다.

이 시기의 우울증은 완경전후기나 폐경기, 또는 완경후 우울증으로 부른다. 완경은 평균적으로 47세 무렵에 시작되어 4~8년간 지속된다. 완경전후기(흔히 갱년기라고 부른다.-옮긴이)는 완경 전 3~5년, 에스트로겐 수준이 천천히 떨어지기 시작하면서 시작된다. 완경후기는 여성이 50대에 접어들어 월경이 완전히 중단되는 시기이다. 어떤 여성들은 이 시기들 동안 우울증을 경험한다. 일단 폐경기를 넘어가고 난 후에는 우울 삽화의 빈도가 줄어들거나 때로는 사라지기도 한다.

호르몬과 우울증 간의 잠재적인 연관성을 알아내고 싶다면, 기분변화를 관찰하기 위해 〈표 2-4〉로 제시한 기분 기록지를 이용한다(100쪽). 월경기간과 다른 중요한 사건들, 가령, 자녀 출산 등을 기록지의 비고란에 꼭 적어둔다. 기록지가 완성되면 의사에게 보여준다.

아내이거나 연인, 어머니, 임신부인 여성의 우울증은 가족 전체에 영향을 줄 수 있다. 어머니가 우울증이나 양극성장애를 앓는 가정에서 자란 아이들은 그들도 다양한 종류의 정서적 문제를 경험할 수 있다. 배우자나 연인도 그 영향을 느낄 수 있다.

기분과 호르몬 간의 관계가 충분히 밝혀지지는 않았지만, 연구가 진행 중이다. 여성의 재생산 기간과 관련된 정신의학적 주제들을 다루는 최신 이론과 연구들을 더 알고 싶다면 보스턴에 위치한 매사추세츠 종합병원의 여성정신건강센터에서 운영하는 여성의 생애주기에 따른 정신건강 사이트에서 귀중한 자료를 찾을 수 있다(www.womensmentalhealth.org). 여기서는 우울증과 PMS, 출산전후 우울증과 산후우울증, 난임과 정신건강, 폐경기 증상들에 관한 방대한 정보과 블로그, 최신 주제들에 대한 뉴스레터를 제공한다.〔우리나라에서는 중앙난임·우울증상담센터(nmc22762276.or.kr)를 운영 중이다.-감수자〕

남성 우울증

일반적으로, 성인 남성은 우울증이 있어도 여성에게서 더 흔히 나타나는 슬픔, 눈물, 절망감을 같은 정도로 보이지는 않는다. 일부 남성들은 기분장애의 주요 증상으로 슬픔이 아니라 짜증과 불안을 경험한다. 우울할 때 슬프거나 눈물이 많아지기보다 짜증과 심술이 날 수도 있다. 사소한 문제들에도 화가 치밀거나 다른 이들에게 실망을 하게 되곤 한다. 때로는 다른 사람을 도저히 참아낼 수가 없다. 어떤 남성들은 도박이나 음주, 약물남용, 과도한 성행동 같은 위험한 행동으로 고통을 둔하게 만들려 든다. 또 다른 이들은 우울증의 신호로 일에 지나치게 몰두하는데, 그 성과는 별로 좋지 않을 수 있다.

남성들은 많은 경우 자신에게 나타나는 우울증의 신호를 알아채고 전문적 도움을 구해야겠다고 결심하는 데까지 어려움을 겪는다. 이것은 사회 관습과 사회적 압력, 문화적 차이 탓일 수 있다. 대부분의 사회에서 남성은 약하고, 사내답지 못하고, 도움이 필요하다고 보일지 모른다는 두려움 때문에 자신의 정서적 문제를 인정하기 더 어려워한다. 남성들은 감정을 덮어두도록 키워지는 경우가 많다. 그들은 친구들이나 동료, 상사, 또는 같은 팀이 알아채고 자신을 좋지 않게 볼까 봐 걱정한다. 이 사회적 낙인은 잘못된 것이며 불행한 것이고, 오랜 고통을 더할 뿐이다.

역사적으로, 정신의학 연구자들은 여성이 남성보다 우울 증상을 2배 더 경험한다고 보고한다. 그러나 일부는 남성들이 보이는 독특한 우울 증상을 생각해볼 때, 우리가 남성들이 겪는 우울증 사례들을 모두 찾아내고 있는지 반문한다. 2013년 미시간 대학교의 연구자들은 남성과 여성이 똑같은 빈도로 우울증을 경험하는지 살펴보았다. 그들은 미국에 살고 영어를 구사하는 성인들 대상의 자기보고식 설문지를 이용해 자료를 모았다. 연구자들은 분노, 공격성, 술이나 약물남용, 짜증, 위험한 행동 같은 증상들은 여성보다 남성에게서 흔하게 나타난다는 점을 발견했다.

연구자들은 이 증상들을 15개의 '전통적인' 우울 증상과 함께 새로운 설문지 평가 척도로 구성했다. 이 통합된 평가 척도로 측정했을 때에는 우울증의 정의에 부합하는 남녀의 수가 상당히 동일했다. 이 결과는 우리가 현재 우울증을 판별하는 방법이 일부 남성들에게서 흔히 보이는 증상들을 놓치고 있어 그 자료가 남성들이 겪는 우울증 사례를 더 적게 보고하고 있을지 모른다는 점을 시사한다.

청소년기 우울증

청소년의 우울증은 성인의 우울증과는 다른 경우가 많다. 청소년은 또래와 학교, 가족, 또는 자기 자신에게서 굉장한 압박을 마주한다. 또한 신체상을 강조하는 사회 속에서, 체내 호르몬의 균형상태가 달라지는 것과 같은 자기 몸의 변화도 다루어야 하는데 이 모든 것이 우울증에 일조할 수 있다. 만약 기분장애나 알코올 중독, 자살의 가족력이 있거나, 초기 아동기 트라우마(신체적으로나 정서적으로)가 있다면 우울증이 더 흔히 나타날 수 있다.

청소년이 365일 소셜 미디어에 노출되어 있다는 것도 우울증에 큰 영향을 미치는 요소이다. 소셜 미디어는 '완벽'하거나 '완벽해 보여야' 한다는 욕망에서 벗어나기 어렵게 만든다. 그들의 현실 세계와 온라인 세계는 명확히 나뉘지 않고, 청소년들은 한 번도 본 적 없는 타인들로부터 불안을 떠안는다. 소셜 미디어는 기술적인 온라인 괴롭힘(예를 들어 페이스북이나 인스타그램, 스냅챗 속에서)을 불러왔고, 이것은 아주 악의적인 괴롭힘이 되기도 한다. 어떤 형태로든 괴롭힘은 누군가를 낙오자이자 목표물이 된 것처럼 느끼게 하고, 이것이 우울과 불안으로 이어질 수 있다.

짜증과 불안은 아동이나 청소년의 우울증에서 흔히 나타나고, 때로는 대표 증상이 된다. 잠이나 식사, 사교행동 같은 일상적인 습관이 이유 없이 변하기도 한다. 학교나 작업 수행능력에 차이가 생기거나, 친구들을 잃거나 새로운 친구들이 생겨나고, 전에 좋아하던 활동에서도 변화가 생길 수 있다. 우울한 청소년은 자신이 무엇을 하고 어디에 가며 누구와 어울리는지를 더 숨기고 밝히지 않을 수 있다. 부모나 형제들과 사소한 일들로 말다툼을 하고 싸우기도 한다. 알코올, 불법적인 약물들, 무모한 운전, (얕은 자상 같은) 자해나 다른 무모한 행동들도 불안과 우울을 다루기 위한 시도로서 드물지 않게 나타난다.

젊은 여성은 특히 월경 기간 무렵에 눈물이 많아지고 아주 예민해질 수 있다. 연구자들은 성호르몬과 우울증 간의 생물학적 연관성을 더 밝혀내고 있다. 월경전 불쾌장애(PMDD)는 유전자와 관련 있으며, 여성이 혼자 스스로 통제해낼 수 있어야 하는 '제멋대로의 감정'과 행동적인 문제가 아니라는 증거가 있다.

이 모든 것이 어떻게 청소년기의 우울증으로 나타날까? 관련 증상은 다음과 같다.

- 관심이 없어졌다.
- 인생 또는 전에 하던 활동들에 흥미를 잃었다.
- 거절이나 실패에 과민해졌다.
- 외양이나 옷차림, 머리 모양, 위생에 소홀해졌다.
- 수면이나 식욕, 체중이 변했다.
- 사회적으로 고립되고 위축되었다.
- 짜증과 말다툼이 늘었다.
- 피곤해졌다.
- 여러 모호한 신체적 증상과 불만들이 나타났다.
- 자해(상해) 등 무모한 행동의 증거가 나타났다.
- 학교 성적이 변했다.
- 어울리는 친구들이 바뀌었다.—친구를 잃거나 새로운 친구들이 생겼다.
- 자주 하는 활동의 종류가 달라지고, 특히 약이나 술을 하게 되었다.

어떤 청소년이 우울증에 취약할까? 아래의 문제 중 일부를 겪은 사람이 우울증을 잘 보이는 편이다(그렇지만 이것들 중 하나를 겪었다고 반드시 우울증으로 이어지는 것은 아니다).

- 자존감에 부정적인 영향을 미치는 문제들(비만, 심한 여드름, 또래 문제, 괴롭힘, 학업 문제)

- 폭력 피해자 또는 목격자로서의 경험

- 학습장애나 신체장애—무엇이든 또래와 다르다는 느낌을 주는 것

- 일부 성격 특질—낮은 자존감, 지나친 의존성, 자기비판, 비관적

- 지지받지 못하는 환경에서의 비전통적인 젠더 정체성(동성애)

- 가족력 중 우울증, 양극성장애, 자살

- 갈등이 심한 역기능적 가족 환경

- 스트레스가 심한 거주환경

- 스트레스성 생활사건—부모의 이혼, 질병, 죽음, 입대 또는 새 집이나 지역으로 이사, 전학

만약 당신이 청소년이고 평소의 감정이나 행동과는 다른 변화가 생겼다면, 누군가에게 이야기를 하는 것이 중요하다. 가족이나 학교 상담선생님, 성직자도 좋다. 우울증은 치료 가능하다. 대부분의 경우 치료는 당신이 선택하고 신뢰할 수 있는 상담자와의 상담치료가 될 것이다. 때로는 약물이 필요하기도 하나 전문가의 처방이 필수적이다.

어쩌면 삶에 변화를 주어야 할지도 모른다. 가령, 진정한 친구가 아니라 당신을 건강하지 않은 길로 이끄는 위험한 사람들과 멀어져야 한다. 또 소셜 미디어 사용을 줄이든가, 아니면 최소한 당신이 정말 잘 알고 당신과 병을 잘 이해해서 비난하지 않을 친밀한 친구들과의 소통으로만 제한하고 싶을 수도

있다. 소셜 미디어는 친구들과 연락을 유지하고 그들이 무엇을 하는지 알 수 있는 꽤 좋은 방법이지만, 실제 대면 만남만큼 도움이 되지는 않는다. 대부분의 사람들은 소셜 미디어 프로필에 '좋은 것'만 올리고, 따라서 그들의 삶에 대해 과장되거나 편향된 인상을 받는다는 점을 기억하자. 그런 느낌을 받으면 누구라도 기분이 울적해질 수 있다. 그러나 어떤 사람도 끊임없이 파티를 벌이고 대단한 시간을 보내고 있지는 않다. 이런 비현실적인 모습과 자신의 삶을 비교하는 것은 공평하지 못하다. 이런 편향된 모습이 괜한 압박으로 다가올 만한 상황을 피하자.

덧붙여, 일부 청소년들은 다시 기분이 나아지고 잘 생활할 수 있게 될 때까지 학교나 일을 며칠 빠지거나 학교에서 잠시 떠나있는 것이 나을 수 있는데, 그래도 괜찮다. 인생이라는 여정에서 잠시 쉬는 것일 뿐이며, 처음에 생각한 것만큼 대단한 일이 아니다. 기분이 나아지면 금세 따라잡을 것이다.

노년기 우울증

우울증은 노년층에서도 매우 흔하다. 나이가 들면 우울증의 흔한 원인 중 상당수를 자주 경험한다. 쇠약해지는 자신의 건강 문제나 사랑하는 사람의 죽음 등이 그 예다. 노년층이 마주하는 위험은 다음과 같다.

- 외로움
- 친구, 중요한 지인, 가족의 죽음

- 생활방식을 제약하는 육체적 불편함

- 의학적 문제

- 만성 통증

- 독립성 저하와 목적 상실

이 문제들이 반드시 우울증으로 이어지는 것은 아니지만, 우울증이 생겼을 때에는 연령과 상관없이 치료해야만 한다.

노년기에는 우울증과 사랑하는 이를 잃은 뒤의 자연스러운 애도 반응을 구분하기 어려울 수 있다. 두 가지 모두 감정적으로 슬퍼하고 일반적인 일상 활동을 피하지만, 우울증은 끊임없는 부정적 사고와 무가치감, 낮은 자존감 같은 증상들과 연관되는 경향이 있다. 우울증은 치매와도 구분이 어려울 수 있다. 둘 다 노년기에 흔하고 서로 연관성이 있을 때도 있다. 차이점은 우울 증이 있는 사람들은 대개 치매가 있는 사람들처럼 혼란스러워하지는 않는다 는 것이다. 우울증을 겪는 이들은 집중력 문제가 있는 반면, 치매를 겪는 이들은 단기기억에 문제가 생긴다. 우울증에서는 치매와는 달리 쓰기와 말하기, 운동기능이 영향을 받지 않는다.

때로는 노년층에게 치료를 받게 하기가 어려울 때도 있는데, 우울증을 나약함으로 생각해서 전문적 도움을 구하는 것을 꺼리는 경우가 있기 때문이다. 일단 치료 필요성을 인정하고 난 후에도, 노년기에는 항우울제의 부작용을 겪을 확률이 더 높아서 치료방법을 선택하기 어렵기도 하다. 그리고 이 약물들이 다른 질병 치료를 위한 약물과 잘 상호작용하지 않을 수도 있다. 이와 같이 많은 노인들이 부작용과 기억력 문제, 또는 복잡한 복용 스케줄을 지키기가 어렵다는 이유로 약 복용을 중단하거나 잊어버린다. 이 문제를 피하기 위해서 이 연령대에는 전기충격요법(ECT)을 추천하는 경우가 많다.

다른 의학적 문제에 동반되는 우울증

어떤 장기간의 의학적 문제를 겪는 사람들이 기분장애에 취약하다는 것이 논리적으로 들릴지 모른다. 어쨌든 그들은 의학적 질병 때문에 큰 스트레스를 안고 있고, 과도한 스트레스에 빠지면 몸과 뇌의 상태도 달라질 수 있다. 이런 상황이 되면 사람들은 이전의 생활로 돌아갈 수 없고 삶의 목적을 잃었다고 느끼거나, 신체적 움직임이 제한되거나, 고통에 시달리거나 자신의 삶을 잃는다는 두려움에 빠질 수 있다. 이 모든 것이 취약한 개인의 기분에 영향을 미칠 수 있다. 여기서는 의학적 문제들이 기분에 어떻게 영향을 미칠 수 있는지 몇 가지 사례를 제시한다.

체내에서 너무 많은 갑상선 호르몬이 나오면 조증이 유발될 수 있고, 반대로 갑상선 호르몬이 너무 적으면 우울증으로 이어질 수 있다. 식단에 비타민 B12가 부족하면 우울증이 될 수 있는데, 노년층에서 흔히 나타난다. 그리고 심장 질환이나 유방암 같은 특정한 종류의 암을 지닌 환자들 중 우울증을 겪는 비율은 50퍼센트까지 올라간다.

기분장애와 관련 있는 다른 의학적 문제들의 사례로는 다음이 있다.

· 다발성 경화증

- 파킨슨병

- 알츠하이머병

- 헌팅턴병

- 뇌졸중

- 특정 면역체계 질환(루푸스 등)

- 단핵구증

- 인체면역결핍바이러스(HIV)

이 외에도 의학적인 신체 문제를 해결하기 위해 쓰는 약물 중 일부마저 우울증으로 이어질 수 있다. 그 목록에는 일부 항균제와 항생제, 베타 차단제 같은 심혈관계 약물(프로프라놀롤^{propranolol}, 메토프롤롤^{metoprolol}, 아테놀올^{atenolol}), 칼슘채널차단제(베라파밀^{verapamil}, 니페디핀^{nifedipine}), 디곡신^{digoxin}, 메틸도파^{methyldopa} 등이 있다. 또 단백동화 스테로이드^{anabolic steroids}, 에스트로겐(프리마린^{Premarin}), 프레드니손^{prednisone}, 경구피임약 같은 호르몬제도 이 목록에 들어간다. 그리고 클로나제팜^{clonazepam}(클로노핀^{Klonopin}), 시메티딘^{cimetidine}과 라니티딘^{ranitidine}(잔탁^{Zantac}), 마약성 진통제 같은 다양한 약물들도 있다. 코카인이나 암페타민 금단현상도 우울증을 유발할 수 있다.

다행스러운 점은 다른 모든 원인들로 인한 우울증과 마찬가지로, 장기적인 의학문제와 연관된 우울증도 치료할 수 있다는 것이다. 핵심은 이런 문제가 일어난다는 점을 인식하고 초기에 전문적인 정신건강 치료를 받는 것이다. 심장질환센터나 종양학과 일부에는 해당 팀 안에 정신건강 전문의를 두고 언제든 치료하던 의사에게서 위탁을 받을 준비를 하고 있다.

우울증의 증상

우울증은 당신의 생각과 감정, 행동에 영향을 주고, 그것이 삶의 질을 떨어뜨릴 수 있다. 가장 흔한 증상은 깊은 슬픔, 일상적 행위에 대한 흥미와 즐거움 상실, 입맛·체중·수면의 변화, 활력 상실, 피로감, 짜증, 무가치감, 절망감, 죄책감, 사고와 주의집중, 의사결정에서의 어려움, 자살사고 등이다.

뒤에 제시한 〈표 2-2〉는 우울증과 연관되어 흔히 나타나는 생각, 감정, 행동들의 예시다. 당신의 증상과 관련 있는 항목에 표시하고 그 내용을 치료진과 공유하자.

고양된 기분의 증상

양극성장애의 극도로 고양된 기분 또한 생각과 감정, 행동에 영향을 미치고, 삶의 질을 떨어뜨릴 수 있다. 〈표 2-3〉은 고양된 기분과 관련되어 흔히 나타나는 생각, 감정, 행동들의 예시다. 당신과 관련 있는 항목에 표시하고 그 내용을 치료진과 공유하자.

기분 기록지

〈표 2-4〉를 이용해 매일 기분을 기록하고 그것을 치료자에게 공유한다. 기

|표 2-2| 우울증의 증상

부정적 사고

- ☐ 나는 이런 일을 당해 마땅하다.
- ☐ 나는 벌을 받고 있다.
- ☐ 모두 내 잘못이다.
- ☐ 결정을 내릴 수가 없다.
- ☐ 아무 것도 기억할 수가 없다.
- ☐ 좋은 일은 일어나지 않을 것이다.
- ☐ 상황이 나아지지 않을 것이다.
- ☐ 나는 제대로 하는 일이 없다.

- ☐ 나는 다른 사람들만큼 잘하지 못한다.
- ☐ 나에게 신경 쓸 사람은 없다.
- ☐ 나는 무가치하다.
- ☐ 사람들이 나를 싫어한다.
- ☐ 나는_____하거나/되어야 한다.
- ☐ 나는 내 (인생, 교육, 기회)를 날려버렸다.
- ☐ 나에게는 희망이 없다.
- ☐ 죽음이나 자살에 대해 많이 생각한다.

감정

- ☐ 아무 이유 없이 슬프다.
- ☐ 좋은 일이 일어나도 기분이 좋지 않다.
- ☐ 무가치하다는 느낌이 든다.
- ☐ 기분이 나쁘고, 다른 사람들보다 못한 것 같다.
- ☐ 모든 것에 죄책감을 느낀다.

- ☐ 쉽게 짜증이 나거나 귀찮아진다.
- ☐ 끔찍한 일이 일어날까 봐 두렵다.
- ☐ 늘 피곤하다.
- ☐ 어떤 것에도 흥미가 가지 않는다.
- ☐ 섹스에 관심이 없다.

행동

- ☐ 아무 이유 없이 자주 운다.
- ☐ 너무 많이 자거나 너무 적게 잔다.
- ☐ 너무 많이 먹거나 너무 적게 먹는다.
- ☐ 술을 너무 많이 마신다.
- ☐ 최근에 체중이 많이 늘었다.
- ☐ 최근에 별 노력 없이 체중이 많이 줄었다.
- ☐ 침대나 소파에서 하루 종일 시간을 보낸다.
- ☐ 때때로 샤워나 샴푸, 면도를 하지 않는다.
- ☐ 작업을 시작하거나 마무리하는 데 문제가 있다.
- ☐ 사람들을 피하고 홀로 지낸다.
- ☐ 전화를 다시 걸지 않는다.
- ☐ 이전에 하던 활동이나 취미를 중단했다.

- ☐ 운동을 중단했다.
- ☐ 별다른 이유 없이 사람들과 다투거나 싸운다.
- ☐ 산만하고 초조하다.
- ☐ 움직임이나 말이 느리다.
- ☐ 집중력에 문제가 있다.
- ☐ 신문을 읽거나 TV 내용을 따라가기 어렵다.
- ☐ 대화를 이어갈 만큼 생각의 흐름을 따라가기 어렵다.
- ☐ 집안이 평소보다 지저분하다.
- ☐ 공과금 납부를 잊는다.
- ☐ 세탁이나 다른 집안일들을 잊거나 하지 않는다.
- ☐ 직장이나 학교에 병가를 자주 낸다.

|표2-3| 고양된 기분의 증상

고양된 사고

☐ 내게는 특별한 능력이 있다.
☐ 내게 좋은 아이디어가 많이 있다.
☐ 내 생각들은 정말 대단하다.
☐ 나와 내 아이디어에 관심 있는 사람이 많다.
☐ 나를 적대시하는 사람이 많다.
☐ 어떤 프로젝트나 대의명분에 아주 몰입해 있다.

☐ 생각이 이 주제에서 저 주제로 빠르게 옮겨간다.
☐ 다른 사람들이 내가 말하는 내용을 못 쫓아오겠다고 말한다.
☐ 내 주변 세상은 너무 느리다.
☐ 다른 사람들은 일을 하는 데 아주 긴 시간을 잡아먹는다.

감정

☐ 나쁜 일이 일어나도 기분이 좋다.
☐ 이유 없이 행복하다.
☐ 나는 자신감이 넘친다.
☐ 평소보다 잠을 덜 자도 활력이 넘친다.
☐ 모든 게 낙관적으로 보인다.

☐ 아주 기분이 좋고 절정에 올라 있다.
☐ 모든 일이 내 뜻대로 흘러갈 것이다.
☐ 내게는 나쁜 일이 생길 수 없다.
☐ 쉽게 짜증이 나거나 귀찮아진다.
☐ 참을성이 적다.
☐ 평소보다 섹스에 관심이 많아졌다.

행동

☐ 평소보다 적게 자고 피곤하지 않다.
☐ 별다른 이유 없이 많이 웃는다.
☐ 평소보다 말이 많아졌다.
☐ 안절부절못하고 계속 서성거린다.
☐ 집중하기가 어렵다.
☐ 쉽게 산만해진다.
☐ 새로운 프로젝트와 활동들을 많이 시작한다.
☐ 활동량과 일, 취미생활이 늘어난다.
☐ 지금 하는 일을 제대로 마무리하지 않고 새로운 프로젝트를 시작한다.
☐ 평소보다 훨씬 사교적이다.

☐ 평소보다 전화통화를 많이 한다.
☐ 돈을 많이 쓰고 물건을 잔뜩 사들인다.
☐ 충동적으로 결정을 내린다.
☐ 팁을 과하게 주거나 도박을 한다.
☐ 평소보다 위험부담을 크게 진다.
☐ 위험한 활동들을 더 많이 한다.
☐ 별 이유 없이 말다툼이나 싸움을 벌인다.
☐ 과속한다.
☐ 술이나 마약 사용이 늘었다.
☐ 평소보다 화려하게 입는다.
☐ 손글씨가 커지고 정신이 없어진다.

|표2-4| 기분 기록지

							_____ 년 _____ 월
날짜	우울			중립	고양된 기분			비고
	심각	보통	약함	중립	약함	보통	심각	
1								
2								
3								
4								
5								
6								
7								
8								
9								
10								
11								
12								
13								
14								
15								
16								
17								
18								
19								
20								
21								
22								
23								
24								
25								
26								
27								
28								
29								
30								
31								

록은 금세 끝나고 어렵지 않다. 그날 당신의 기분과 가장 가까운 칸에 표시한다. 가령 우울하거나 고양된 기분인데 그 강도는 심각하거나 보통이거나 약하다. 이 기록지가 기분 변화를 추적하거나 변화 양상을 알아차리는 데 도움이 될 것이다. 비고 칸에는 기분에 영향을 미쳤을 가능성이 있는 것은 무엇이든 기록한다(스트레스를 받은 사건, 약물 변화, 생리주기 등).

우울증과 불안

우울증을 앓는 이의 절반 정도는 동시에 불안으로도 고통을 받는다. 이것은 우울한 감정의 무게에 큰 짐을 더 얹는다. 불안은 미래의 사건이나 활동에 대한 과도한 우려와 신경과민, 걱정의 감정이다. 불안이나 걱정의 강도, 지속되는 시간, 빈도가 실제 두려워하는 사건에 비해 과도하고 고통을 준다. 두려움이 매우 실제처럼 느껴지고 동시에 무섭게 한다. 불안 증상의 걱정은 통제하기가 어렵고 다른 심리적, 또는 모호한 신체적 증상들을 동반하는 경우가 많다. 예를 들어 초조하거나 떨리는 느낌, 집중력 저하, 과민함, 수면방해 등이다. 초조하고, 조마조마하고, 걱정되고, 땀이 나며, 심장이 마구 뛰거나 잠시 멈추는 듯하고, 두통이나 속이 안 좋고 근육통을 느낄 수 있다.

불안을 구체적으로 보면, 건강에 대한 과도한 걱정, 또는 강박장애, 남들에게 검사받을지 모른다는 두려움이나 다른 사람들과 상호작용하거나 그 앞에 나서야 할 때의 부끄러움에 대한 사회적 불안, 갑작스럽게 공포와 신체증상이 발생하는 공황장애, 외상후 장애와 연관된 불안 등으로 나타날 수 있다.

범불안 증세가 있는 사람은 주변환경의 위험 정도를 과대 추정하고, 삶의 불확실성에 고통을 느끼며, 자신의 대응능력을 과소 추정한다. 인지행동치료 (8장 참고)로 생각을 재구조화할 수 있게 도와줌으로써 그들의 걱정이 생산적이지 않음을 이해시키고 이완기술을 가르쳐줄 수 있다.

심각한 불안 증세를 경험하는 사람들은 신체적인 문제가 있다는 공포 때문에 응급실을 자주 간다. 다행인 것은 기분장애를 위한 많은 치료법들이 불안 치료에도 효과가 있다는 점이다. 이 치료법들로는 약물, 상담치료, 마음챙김 명상, 또는 그것들의 병행이 있다. 인지행동치료는 자신의 공포와 세상의 위험성에 대한 감각을 균형 잡을 수 있게 도와주고, 불확실성을 다루며, 효율적인 대처전략을 가르쳐준다. 건강한 수면위생 같은 생활습관 변화나 카페인·담배·술 자제, 심호흡과 이완운동도 도움이 될 수 있다.

기분장애에 대한 낙인

우울증과 양극성장애 같은 기분장애에는 여전히 낙인이 따라다닌다. 낙인은 잘못된 지식을 지닌 사람들이 당신을 질병으로 판단하고 당신에게 부당하게 부정적인 고정관념이나 이미지를 씌울 때 생겨난다. 이 때문에 다른 사람들에게 회피, 거절, 또는 소외를 당하게 된다. 낙인은 정신질환에 대해 전문적인 도움을 구하는 데 걸림돌이 될 수도 있다. 다른 사람들이 그 사실을 알아내 당신을 비판적으로 보게 될까 봐 두려울 수 있기 때문이다.

때로는 기분장애를 사회적으로 용납할 수 없다고 믿는 사람들도 있다. 그들이 당신의 질병을 부끄럽거나 수치스럽게 느끼도록 할지 모른다. 어떤 이들은 질병을 이유로 당신이 무능하고, 잠재적으로 위험하며, 성격이 나약하거나, 못마땅한 사람으로 믿을 수도 있다. 그들은 당신을 지적하고 비판할 것이다. 그러나 그들이 잘못 아는 것이다. 그들의 믿음은 전혀 진실이 아니다.

우울증이나 양극성장애처럼 생물학적인 이유가 있는 상태를 용납하지 못할 까닭이 전혀 없다(그런 측면에서는 당뇨병이나 심장 질환과 마찬가지다). 불행히도 기분장애가 질병이라는 것을 모르는 사람들이 많고, 그들은 불공정한 비판이나 판단인 낙인을 굳게 믿는다. 그들이 자신들의 부정확한 믿음이나 태도를 당신에게 강요하려 들지 모른다. 잘못된 믿음이나 판단은 병을 잘 모르는 친구나 가족들에게서, 또는 낯선 이들에게서도 나타날 수 있다. 이런 평가가 뉴스를 선정적으로 다루고 오해를 영구화하는 경향이 있는, 텔레비전이나 소셜 미디어 같은 매체에서도 나타날 수 있다. 이런 행동을 불러일으키는 것은 그들의 무지임을 기억하자. 그것들은 당신의 실제 모습이나 기분장애의 현실을 반영한 것이 아니다.

주변에 기분장애에 관해 떠도는 미신들을 믿는 사람이 있을지도 모른다. 이는 우울증이나 양극성장애에 대한 두려움과 교육 부족에서 기인하는 경우가 많다. 떠도는 미신 중 몇 가지 예를 들면 다음과 같다.

- 기분장애는 전염성이 있다.―주변 사람도 '걸릴' 수 있다.
- 우울증이나 양극성장애가 있는 사람들은 폭력적이거나 위험하다.
- 우울증은 진짜 병이 아니다.―그저 나약하거나 미쳤다는 뜻이다.
- 우울증은 여자들의 병이다.―남자들은 걸리지 않는다.

- 부모가 그랬기 때문에 당신도 걸릴 수밖에 없다.

- 마음만 먹으면 빠져나올 수 있다.

- 항우울제 치료만 받으면 다 된다.

- 항우울제를 먹으면 성격이 바뀐다.

- 평생 항우울제를 먹어야 한다.

- 병에 대해 이야기하면 상황이 나빠질 것이다.

이런 미신들은 전혀 사실과 다르다. 문제는 이런 미신을 믿으면 누군가가 더 외롭고, 어려움을 겪고, 소외될 수 있다는 것이다. 따라서 이와 비슷한 말들을 듣게 되면 의문을 제기하는 것이 중요하다.

질병에 따르는 낙인 때문에 이미 겪고 있는 우울 증상에 부담이 더해진다. 다른 이들의 부정확한 반응과 질병에 대한 비난을 상대해야만 한다면 이미 겪고 있는 고통이 더 커질 수 있다. 상처를 받고 그것을 감당하든가, 정신적 에너지가 남아 있다면 그들의 무지를 고쳐주든가 끊임없이 선택해야 하는 기분이 들지 모른다.

당신의 병에 낙인을 찍는 사람들과는 집에서나 일터, 다른 사회적 교류 상황들에서 관계에 제동이 걸릴 수 있다. 아무리 노력해도 다른 사람의 생각을 뒤바꿀 수는 없을 것임을 이해해야 하는 경우도 종종 생긴다. 그 사람에 대해 생각해보고, 그들이 그런 믿음을 어떻게 갖게 되었을지 떠올려본 뒤, 당신이 바꿀 수 없는 사람들의 의견은 그냥 무시하는 것이 필요하다.

피로와 우울증

피로는 일반 인구에게나 (정신의학 등의) 병원에서나 사람들에게 영향을 미치는 흔한 증상이다. 기분장애에서는 핵심적인 증상이며, 주요우울장애가 있는 환자의 75퍼센트 이상이 경험한다. 피로감은 일상과제를 수행하는 능력을 크게 떨어뜨릴 수 있다. 잠자리에서 일어나거나, 옷을 차려입거나, 자신 또는 가족을 돌보거나, 식사를 준비하거나, 용무를 보거나 출근을 하러 집을 나서는 것을 더 어렵게 만들 수 있다. 잠을 충분히 자고 있다고 생각할 때조차 피곤해서 많이 실망스러울지 모른다.

도대체 피로가 무엇인가? 단 하나로 정의되지는 않는다. 다만 졸리거나 지친 느낌과는 다르다. 피로감은 복합적인 증상들로 생각할 수 있다. 그에는 세 가지 주요 차원, 신체적·정신적·정서적 차원이 있다. 이 중 몇 가지를 함께 겪기도 한다. 피로의 다양한 구성요소들을 아래처럼 묘사할 수 있다.

신체적

- 활력 감소
- 팔다리가 무거움
- 특별한 신체활동 없이도 지속되는 피곤함
- 탈진
- 인내력 감소
- 신체적 지구력·체력 감소
- 신체적 과제를 수행하기 위해 더 큰 노력 필요

- 전반적으로 힘이 없음

- 느려지거나 둔해짐

정신적·인지적

- 정신적으로 둔해짐

- 적절한 단어를 찾거나 떠올리기 어려워짐

- 주의력 유지가 어려움

- 집중력 저하

- 정신적 인내력 감소

- 사고가 느려짐

감정적·심리적

- 의욕상실

- 무관심, 흥미 저하

- 권태감

- 과민함

- 지루함

- 기분 저조

피로감의 다양한 차원들이 우울증에 관한 DSM-5 정의에 포함되어 있다. 예를 들어 신체적 피로(활력 상실), 정신적 피로(집중력 저하), 정서적 피로(흥미와 즐거움 상실, 무쾌감증) 등이다. 우울증과 연관된 피로감은 잠재적인 원인이

다양해서 구분이 어려울 수 있다. 그러나 가능하다면 당신에게 어떤 것이 적용되는지 파악해서 치료자와 함께 피로 문제를 효율적으로 다루고 치료해보는 것이 중요하다.

먼저, 피로는 저조한 기분, 슬픔, 흥미 저하 같은 느낌들과 함께 우울증의 주요 증상일 수 있다. 우울증을 치료하면 피로감도 나아지는 경우가 종종 있다. 그러나 피로가 우울증의 잔여 증상이어서 일부 사람(약 23~38퍼센트)은 에게는 항우울제 치료 후에 다른 우울 증상 대부분이 나아지거나 사라진 뒤에도 피로감이 지속된다. 잔여 피로감을 해결하기는 까다로울 수 있지만 치료방법이 분명히 있으니, 피로감이 지속된다면 정신과 의사와 상의해보는 것이 좋다.

피로감이 항우울제 약물, 특히 일부 선별적 세로토닌 재흡수 억제제(SSRI) 약물의 부작용일 수도 있다. 이 경우에는 부작용이 적고, 더 감내할 만한 다른 약물로 바꾼다. 담당 의사와 약물 변경에 대해 논의해본다. 부작용 증상과 그것들이 삶의 질에 어떤 영향을 미치는지 구체적으로 기억해야 한다.

피로가 우울증과 종종 함께 발생하는 불면증과 나쁜 수면 양상과 관련이 있는 경우도 있다. 만약 이 문제가 피로감을 유발한다면, 불면증을 위한 인지행동치료(CBT-I)와 좋은 수면위생 실천이 도움이 될 것이다. 마지막으로 피로는 다른 의학적 문제들과 관련이 있을 수도 있다. 이런 문제의 예로 당뇨병, 갑상선 기능 저하, 신장이나 간, 폐, 심장 질환 등이 있다. 이런 문제들이 꼭 피로감을 유발하지는 않는다. 그럴 가능성이 있다는 것이다. 이런 경우에는 담당의사와 함께 다른 의학적 상황들을 최대한 개선하도록 노력한다.

어떻게 피로감을 해소해야 할까?

먼저 피로감을 유발하는 조건들을 탐구해보고 치료진과 상의해 당신이 할
수 있는 일로 변경해보자. 졸음과 피로감을 악화할 가능성이 있는 항우울제
약물을 피하고, 피로 증상을 개선해주기 위한 약물 추가를 고려한다. 정신과
의사와 함께 이러한 선택지들을 논의한다.

그 다음에는 이 책의 첫 번째 장에서 다룬 정신건강의 기본수칙을 따른다.
규칙적이고 균형 잡힌 식사를 하고, 규칙적인 취침과 기상 시간을 지키며(밤
에 최소 8시간 자는 것을 목표로 한다), 처방된 대로 약을 복용하고, 술과 불법 약
물은 피하며, 계획과 체계를 유지하고, 사회생활을 지속한다. 그리고 어려워
보이겠지만 잠깐씩이라도 매일 나가서 당신의 현재 수준에 적당한 운동을 한
다. 물론, 피곤할 때에도 한다. 운동이 얼마나 활력 수준을 끌어올려 주는지를
알면 놀라게 될 것이다.

<Chapter 03>

우울증이 곧
당신은 아니다

• 우울증 치료를 방해하는 요인들 •

◆
◆

"처음에는 좋은 기분이 이상하고 불편하게 느껴질 수 있다.
익숙하지 않고 불안할지도 모른다.
뇌가 좋은 기분을 다르고 '옳지 않은' 것으로 보아서
되돌아가려는 경향을 보이기 때문이다.
안 된다. 자신을 더 밀어붙이자."
—M. 자코보

오랫동안 우울증과 같은 정신적 상태에 빠져 있다가 기분이 좋아지기 시작하면, 오히려 그 새로운 기분 상태를 '나쁘다'거나 불편하게 느낄 수 있다. 불안하거나, 초조하거나, 언짢은 기분이 들지 모른다. 오래된 우울한 자아, 익숙한 그곳으로 되돌아가고 싶은 기분이 들 수도 있다. 그런 일이 일어나게 두지 말자. 스스로 '좋은' 기분, 또는 최소한 '더 나은' 기분이라는 새 개념에 익숙해지도록 노력하면, 결국에는 적응하게 될 것이다. 그것이 당신의 최종 목표다.

　우울증은 많은 방해요소를 주렁주렁 달고 오는 경우가 흔하다. 그 순간에는 너무 진짜처럼 보여서 그것들이 우리 앞을 가로막는 방해물이라는 인식조차 하지 못할 때가 많다. 예를 들어 당신이 기분장애에서 회복되는 것을 막는 방해요소에는 우울증에 사로잡힌 느낌, 회복에 대한 두려움, 반추(되새김)가 있다.

　이런 사고방식은 우울증에서 회복되는 데 아무런 도움이 되지 않지만 아주 흔하다. 여기서 벗어나는 첫 단계는 당신의 생각이 이런 부정적인 방향으로 옮겨갔음을 깨닫는 것이다. 그 후에야 이 방해요소들이 미치는 영향력을 줄일 방법을 취할 수 있다.

우울증이 곧 당신은 아니다

　우울증은 생물학적 질병이고, 여러 증상의 합이다. 그것이 당신을 규정하지는 못한다. 우울증은 당신을 당신 자신으로 만들어주는 것, 당신을 당신답게 만들어주는 것이 아니다. 당신은 당신의 우울증 이상이며, 증상들의 합

그 이상이다. 당신에게는 당신만의 독특한 성격과 특질(친절함이나 유머감각 등), 기술, 능력, 성취가 있다. 당신에게는 글이나 스포츠, 컴퓨터, 원예 능력이나 기술이 있을지 모른다. 이야기를 잘 들어주는 친구, 동생, 동료일 수도 있다.—지금쯤이면, 당신 안의 일부가 '나에게는 애초에 이런 장점들이 있던 적이 없다'고 부인하고 있을 것이다.

기분장애가 오래 가거나 삽화가 반복되면, '당신이라는 사람 또는 그동안 당신이던 사람'에 대한 기억이 마음속에서 옅어질 수 있다. 우리 중 일부는 우울증이 덮치기 전 자신이 어땠는지 기억하기를 어려워하기도 한다. 우리는 우울증의 증상들과 '보통 때의 나'를 분리해 내기 위해 애를 쓴다. 우울증의 '질병 정체성'을 취하든가, 우울증에 삶을 맡긴 채 증상들 속에 떠밀려 다니는 기분을 느끼기는 쉽다. 이런 상황은 삶에 흥미를 잃고 자신이 하던 다른 모든 것은 잊은 채로, 대부분의 시간을 진료를 받으러 가고, 약을 먹고, 자신의 문제와 씨름하고, 다른 모든 것들은 손에서 놓아버릴 때 일어날 수 있다. 삶이 그저 슬프고 비참한 감정으로 가득해지고 인생을 점령해버린 증상들을 감당하기 위해 매일 노력할 뿐이다. 다른 것들을 위한 시간이나 에너지, 관심은 거의 사라져버린다.

우울증이나 양극성장애를 앓는 일부 사람들은 '이건 내가 아니다, 내 모습이 낯설다'고 느낀다. 당신도 평소 모습을 잃어버렸다고 느낄지 모른다. 그러면 질병 전의 당신이 누구였고 어떤 모습이었는지, 매일 무엇을 하며 지냈는지, 무엇에 관심 있었는지, 또는 무엇이 당신을 미소 짓게 했는지를 잊게 된다. 누군가 그 이야기를 꺼내도 더 이상 중요하지 않아 보인다. 이전의 취향, 관심사, 성취, 인간으로서 자신에 대한 감각도 잊게 될 수 있다. 그러나 이것들은 영원히 사라진 것이 아니라, 매일 마주하는 질병 증상의 압도적인 힘 아래에 잠시 덮여 있을 뿐이다.

우리의 목표는 평상시 자기 모습에 대한 감각을 놓치지 말고 우울 증상에 사로잡히지 않는 것이다. 어떻게 그럴 수 있는지 궁금할 것이다.

그 시작으로, 우울증은 생물학적 원인이 있는 정신과 신체의 질병이라는 점을 인식한다. 물론, 우울증이 삶의 거의 모든 측면에 영향을 미치기 때문에 그것을 질병으로 바라보려면 많이 노력해야 한다. 기분장애를 겪으면 분명히 삶이 달라지지만, 결국은 더 긍정적인 방식으로 끝맺는다는 점을 많은 사람들이 겪는다. 어떻게 그런 말을 할 수 있냐고? 그러니까, 예를 들어 회복이 진행되면서 세상을 바라볼 때 새로운 목표와 우선순위가 생기게 되는데, 그것도 좋은 일일 수 있다.

우울증에 사로잡히는 것을 피하는 다른 방법은 이 병을 앓고 있을 때에도 자신에 대한 기본 감각과 일, 관계, 활동, 관심사, 즉, 당신을 당신으로 만들어주는 것들, 자기 인생의 가닥들을 계속 유지하는 것이다. 쉬운 일은 아니다. 친구나 가족들에게 당신이 누구인지를 계속 상기시켜주고 당신을 붙잡아달라고 도움을 청해야 할 수도 있다.

이 작업을 어떻게 할까? 쉬운 실천방법으로 '기저선 설정하기'가 있는데, 뒤에 이어질 4장에서 자세히 설명한다. 이 훈련을 통해서 자신의 강점과 약점, 개인적 취향, 신념, 가치, 능력, 목적의식, 자신을 키우고 힘을 주는 것이 무엇인지 알아낼 수 있다. 이것은 자신의 내적 자아, 기저 자아와 연결을 유지하는 방법이다. 회복 과정에서 의지할 만한 중요한 도움이 될 것이다.

회복에 대한 두려움

우울증이나 양극성장애처럼 오래 가는 질병에서는 회복, 또는 '좋은 상태'를 오히려 이상하고 불편하게 느낄 수 있다. 이 때문에 어떤 이들은 좋아지는 것에 대한 막연한 두려움, 회복에 대한 두려움을 느낀다. 어떻게 이럴 수 있을까? 궁극적인 목표가 더 좋아지는 것이 아니란 말인가?

두려움은 해가 되는 생각들로 둘러싸인 감정이다. 그 생각은 사실이 아니다. 두려움은 잘못된 정보나 논리에 근거를 둘 수 있다. 두려움에 사로잡히면 앞으로 나아가는 것을 가로막을 수 있다. '회복에 대한 두려움' 또한 삶의 다른 감정들을 관리하는 법을 배울 수 있는 것과 마찬가지로 어떻게 관리하는지 배울 수 있다. 8장에 나오는 '기분과 사고 관찰 훈련'을 시도하는 것도 한 방법이다.

오랫동안 기분장애에 빠져 있으면, 그 질병 때문에 자신에 대한 시각을 바꾸고 우울한 행동에 적응되어 익숙해지기도 한다. 기분장애를 경험하는 데 익숙해지면, 이 우울한 생각과 행동이 새로운 '정상적'인 감각을 구성하게 된다. 그러면 '좋은' 기분으로 돌아가는 것이 이상하고 처음에는 불편하게 느껴질 수조차 있다. 그런 기분에 익숙하지 않기 때문에 불안하거나 신경이 쓰이기도 한다. 우울한 뇌는 좋은 기분을 다르고 '옳지 않은' 것으로 보고, 우울과 짜증, 불안에 빠진 생각, 감정, 행동으로 돌아가려는 경향을 보인다. 다른 (더 건강한) 감정과 생각, 행동이 나타나는, '잘 삶'이라는 새로운 영역을 감수하는 것보다 우울한 기분에 머무는 것이 더 안전하고 편안하다고 느낄 수 있다.

기분장애에서의 회복은 한번에 이루어지는 일이 아니고, 두려워할 일도 아니다. 미국 물질남용 및 정신보건 서비스국(SAMHSA)은 그것을 '개인이 건강과 안녕을 개선하고, 자기주도적인 삶을 살며, 잠재력을 모두 발휘하는 상태에 닿기 위해 노력하는 변화의 과정'이라고 정의한다. 회복은 자신의 발전이 어떤 모습이고 무엇이어야 하는지를 스스로 정해나가는 지속적인 과정이라는 뜻이다. 그것은 좋은 일이다.

회복은 또한 당신이 지금 아는 익숙한 질병과 삶을 떠나서, 아마도 불확실하고 낯설 '잘 삶의 세계'로 모험을 떠난다는 뜻이기도 하다. 그것이 두려울 수 있다. 불안하고, 신경이 쓰이고, 예전의 우울한 자아로 되돌아가고 싶을 수도 있다. 앞으로 무엇이 다가올지, 특히 우울증이 시작되기 전에 자신이 어땠는지가 잘 기억나지 않는다면 더욱 알기 어렵다. 그래서 어떤 사람들은 상황을 유지하면서 더 편안한 기분을 느끼고, 더 익숙한 우울증에 머무르려 한다. 당신이 그렇게 하지 않기를 권고한다.

어떤 이들은 우울 증상이 나아지거나 사라지면, 생각하고 행동하고 세상을 보는 방식에 구멍이 생길 거라고 믿고, 다른 방식으로 삶을 살아가는 방법은 알지 못한다고 믿는다. 그렇지만, 회복의 과정에서 당신은 우울한 증상과 생각들을 자신과 세상을 더 긍정적으로 보는 관점으로 바꾸는 법을 배우게 될 것이고, 그를 통해 삶에 더 자신 있게 다가갈 수 있게 될 것이다.

나아지려면 많은 노력이 필요하다. 상당한 노력을 기울여야 하고, 당신에게는 그럴 만한 에너지가 생기지 않을 거라고 느낄 수도 있다. 그러니 자신을 밀어붙여야 한다. 이 이상으로 밀어붙이면, 결국은 회복이라는 개념에 적응하게 될 것이다. 어쨌든 이것이 궁극적인 목표다. 당신 자신을 포기하지 않기를 바란다.

두려움을 해결하는 방법

당신의 두려움을 더 잘 알아차리고 해결하는 데 도움이 될 만한 기본적인 단계들이 있다. 다음 질문에 대한 답을 적고 잠시 생각해보자.

1. 두려움을 구체적으로 적는다.

2. 그것 때문에 어떤 느낌이 드는지 생각한다(겁이 난다, 불안하다, 상처받을 것 같다 등).

3. 기존의 오래된 영역에 머무를(두려움을 해결하지 않을) 때의 장점은 무엇인가?

4. 두려움을 해결하지 않을 때의 대가는 무엇인가?

5. 두려움을 해결할 때의 이득은 무엇인가?

6. 이렇게 할 때 어떤 위험이 있는가? 무엇을 잃게 될 것인가?

7. 두려움을 해결하기 위한 쉬운 방안 몇 가지를 적는다.

8. 두려움을 직면하는 데 도움이 될 만한 지원군을 적는다.

9. 어떤 자원이 필요한가?

10. 방금 적은 쉬운 방안 몇 가지를 시작해본다.

반추, 곱씹고 또 곱씹기

반추 rumination 란 무언가를 골똘히 반복해서 생각하는 상태를 말한다. 예를 들면 불쾌한 경험들을 반복적으로 떠올리는 것이다. 이 경우 고통의 해결책이 아닌 근원에 주의의 초점이 맞춰진다. 과거의 실패에 관한 부정적인 생각들을 곱씹고, 자신이 무능하다거나 무가치하다는 느낌에 초점을 맞추는 시간이다. 익숙하게 들리는가?

반추가 위험한 것은 더 큰 불안과 우울로 이어질 수 있기 때문이다. 그것은 또한 상황을 분명하게 돌아보는 능력을 손상시키고 문제해결을 방해할 수 있다. 반추는 생산적이지 않다.

반추를 어떻게 다룰 수 있을까? 첫 번째 단계는 그것이 일어나고 있음을 인식하고, 당신에게 떠오른 생각들이 생산적이지 않으며 진흙 속에 빠진 바퀴를 돌리는 기분이라는 점을 인정하는 것이다. 그 다음에는 뇌에서 일어나는 '반추 과정'을 막아보려고 노력한다. 어떻게 할 수 있을까? 다른 활동들, 취미나 음악 감상 따위로 정신을 돌리는 것도 시도해볼 수 있다. 힘들었지만 결국 괜찮은 결과가 나온 일들을 떠올려보면 더 좋다. 그것들을 적어서 성공의 경험을 떠올릴 수 있는 실제 사례들을 마련해둔다. 차근차근 삶에서 이런 긍정적인 사건들을 더 많이 만들어낸다.

다음으로 할 일은 지금 이 순간 당신이 마주하고 있는 다양한 문제들을 파악하고 적는 것이다. 당신을 괴롭히는 침투적인 생각들이 문제일 수 있다. 이것이 반추다. 적어놓은 각 문제 아래에, 그 문제를 해결할 계획을 적는다. 어떤 단계를 거쳐야 하고, 무슨 자원이 필요한지, 누군가의 지원을 얻어야 하는지 적어본다. 해결법을 계획할 때에는 구체적이고 현실적이고 측정 가능한 작은 단계들을 만든다. 한번에 해결하려 들지 말자. 일단 목록을 만들고 나면, 다시 돌아가서 해결해야 할 문제들 사이에 공통적으로 나타나는 주제가 있는지 살펴본다. 그것이 당신의 다짐을 더 굳게 만들 수 있을 것이다.

그리고 얼개를 잡아놓은 해결책들로 천천히 문제를 해결해보기 시작한다.

새로운 문제가 생겨나면 이 목록에 추가한다. 생각이 반추로 옮겨가거나 옮겨간 것을 깨달으면, 이젠 그것이 생산적이지 않다는 것을 알게 될 것이다. 그러니 그 대신에 당신이 알아차린 문제해결 단계 중 하나를 실행하기 위해 노력해보자.

〈 Chapter 04 〉

원래의 내가 어떤 사람인지를 기억하자

· 기저선 설정하기 ·

◆
◆

"의식적으로 자신을 지지하는 연습을 하라."
–M. 자코보

우울증으로 고통받는 대부분의 사람은 부정적인 자기대화에 아주 능숙하다. 자신에 대해 부정적이고 비판적인 말을 찾아내는 것은 아주 쉬워 보인다. '나는 실패했다' 또는 '나는 쓸모가 없다'는 이 질병을 앓는 사람들 사이에서 아주 보편적인 (그리고 부정확한) 믿음이다. 이것은 건강하지 않다. 자신에 대해 더 긍정적인 언어로 생각하고, 아무리 사소할지라도 성취해낸 것을 스스로 인정하는 법을 배워야 한다. 일부러, 의식적으로, 자신을 지지하는 연습을 하고, 머릿속에 그런 긍정적인 생각이 떠오르는 데 익숙해져야 한다. "나는 _____ 을 잘한다"는 말이 자연스럽게 느껴질 때까지 연습해야 한다.

기저선baseline이란, 당신이 우울하거나 조증이거나 불안하지 않고 건강할 때의 느낌을 말한다. 그것은 당신이 한 사람으로서 누구인가에 대한 감각이다. 기저선은 당신의 관심사, 취향, 견해, 성취 등을 반영한다. 우울증이 당신을 집어삼켜서 기저 자아baseline self의 흔적을 잃는 경우도 종종 있다. 삶 속에 우울증 말고는 아무것도 없는 것처럼 느낀다. 온종일 슬프고 비참한 기분만 가득하고, 날마다 증상과 씨름하다 시간이 다 간다. 다른 것들을 위한 시간이나 힘이 남아있지 않을 수도 있다.

　기분장애가 오래되거나 삽화가 반복되면, 당신이 누구인지, 또는 늘 어땠는지에 대한 기억이 혼란스러운 마음속에서 희미해지곤 한다. 질병이 오기 전에는 사람으로서 당신이 어떤 모습이고 누구였는지, 매일 무엇을 하며 지냈고, 무엇에 관심이 있었거나 무엇 때문에 웃었는지를 잊게 된다. '그냥 나, 내 평소 모습'에서 우울증의 증상들을 분리해내는 것이 어려울지 모른다.

　우울증을 관리할 때에는 당신의 증상들과 당신의 진짜 모습 사이의 차이를 이해해야만 한다. 당신이 지켜야 할 건강한 자아를 기저선으로 삼으면 회복기간에 중요한 도움이 된다. 이것이 당신이 목표로 삼아야 할 모습을 그리는 데 도움이 될 것이다. 당신에게는 우울증만 있는 것이 아니다.

기저선과 연결 잃지 않기

'기저선과 연결을 잃지 않는 것은 어떻게 할 수 있을까? 아래에 제시한 훈련도 한 방법이다. 이것을 종이나 스마트폰, 태블릿 등으로 할 수 있다. 가끔씩 볼 수 있도록 가까운 장소에 놓아둘 수 있으면 좋다.

1단계 – 나의 강점과 약점은 무엇인가?

자신의 강점과 약점, 개인적 취향, 신념, 가치관, 기술, 능력을 목록으로 만든다(표 4-1, 표 4-3). 자신의 강점과 약점을 현실적으로 평가한다. 개인적 취향, 선호하는 것과 선호하지 않는 것, 욕구, 욕망, 능력, 가치관, 신념, 견해, 목적, 당신을 성장시키는 것, 당신에게 힘을 주는 것, 즐거움과 기쁨을 주는 것, 또는 균형감과 평안을 주는 것들을 포함한다. 당신의 삶을 풍성하고 풍부하게 만들어주는 것이 무엇인지 알아보자.

우울할 때에는 이 훈련을 하기가 힘들 수도 있다. 나 아닌 다른 사람을 묘사하는 것 같은 기분이 들지도 모른다. 너무 힘들다면 당신을 잘 아는 사람들에게서 피드백을 받아도 좋다. 친구와 가족들에게, 솔직하게, 당신의 장점과 독특한 특징들을 떠올려 달라고 부탁해보자. 이 특징들을 파악하고 나면, 당신이 누구이고, 당신의 건강한 기저 자아와 다시 이어지기 위해 무엇이 필요할지 한층 더 명확하게 깨닫게 될 것이다. 취향과 신념을 파악함으로써 당신이 당신 자신이 되도록 할 것이다. 〈표 4-1〉을 활용하자.

이 이야기를 들으면 시작이 쉬워질지 모르겠다. 내가 나에 관한 개인적 진술을 쓰는 데 어려움을 겪자, 내 치료사가 이런 이야기를 들려주었다. 영화

|표4-1| 강점과 약점 훈련
이 훈련은 자아 감각과 연결을 잃지 않기 위한 여러 방법 중 하나다. 아래 표에 자신의 개인적 강점과 약점들을 적는다. 자신에게 솔직하게 답한다. 만약 스스로 이 훈련을 하기 어렵다면 당신을 잘 아는 사람들에게서 피드백을 받는다.

나의 강점	나의 약점

〈19번째 남자〉의 한 장면에서 배우 케빈 코스트너가 연기하는 야구선수가 이 훈련의 수정된 버전을 보여준다. 그는 당당하게 선언한다. "나는 영혼을 믿는다. … 행잉 커브 볼, 고섬유질 식사, 좋은 위스키를 믿는다. … 나는 인조잔디와 지명타자를 금지하도록 헌법을 수정해야 한다고 믿는다. … 나는 … 크리스마스 이브가 아니라 크리스마스 아침에 선물을 열어야 한다고 믿는다." 그는 자신의 취향과 견해들을 계속 더 이어나간다. 이제 우리는 그 등장인물이 어떤 사람이고, 무엇을 중시하는지 더 잘 알게 된다.

나는 이 이야기를 참고하고, 친구들의 도움을 얻어서 나만의 취향과 개인적 특성, 가치관의 목록을 만들고, 회기 중에 치료사와 함께 이에 관해 이야기했다. 이런 과정을 통해 목록이 더 늘어나서 〈표 4-3〉에 나오는 개인적 취향 훈련에 대한 내 답변들을 완성할 수 있었다.

2단계 – 내가 좋아하는 것은 무엇인가?

당신이 좋아하는 것, 또는 좋아하던 것들을 하려고 노력한다. 의식적으로 취향 중에서 '긍정적인' 것들을 더 많이 선택하고, '부정적인' 것들은 적게 선택한다. 당신의 장점과 기술들을 더 발전시키기 위해 노력한다.

3단계 – 나는 어떤 사람인가?

당신의 장점과 믿음, 취향을 바탕으로, 자신에 대한 짧은 문장을 만든다(표 4-2). 이것은 자신에게 자신에 관한 이야기를 해주는 자기소개이다. 지금은 아무도 보는 사람이 없다. 당신이 누구이고, 당신의 장점과 취향이 무엇인지 묘사해보자. "나는 _____ 한 사람이다"가 좋은 시작점이 될 것이다.

그 문장을 붙들고, 익숙해지고, 자신에게 계속 이야기해주자. 머릿속에 그 문장을 넣고 필요할 때마다 떠올릴 수 있게 한다. 그러면 우울감이 몰려올 때에도, 당신이 누구인지에 대한 이 단서가 남아 있어서 당신을 우울증 하나로 설명할 수 없다는 점을 떠올리게 될 것이다. 결국은 이 자기소개에 익숙해질 것이다. 자신감과 자기의견이 있고, 자신에 대한 감각이 있으며, 그것들을 쉽게 떠올릴 수 있으면 대인관계에도 도움이 된다.

자기소개의 예:

나는 지적이고, 사려 깊고, 친절하며, 섬세한 유머감각이 있고, 직업적으로 존중받고, 부모님을 잘 보살피고 있고, 자전거를 잘 고치며, 정직성과 진실성, 우정을 중요하게 생각하고, 야구와 파스타, 보드게임, 딸에게 책 읽어주기, 미스터리 소설을 좋아하는 남자다.

이제 당신의 자기소개를 만들어보자.

나의 자기소개:

나는 _____

_____

_____

한 사람이다.

|표 4-2| 자기소개

가끔 내가 마음에 드는 이유는 내가

나에게는 멋진

내가 잘하는 것은

나의 가장 좋은 특징은

사람들은 내 매력적인 부분이

나 자신이 마음에 들 때는 내가

내가 정말 중요하게 생각하는 것은

내가 믿는 것은

내가 존경하는 것은

은/는 날 사랑한다.

때문에 나 자신이 마음에 든다.

내가 좋아하는 것은

은/는 내 마음을 차분하고 편안하게 만든다.

할 때 내 모습이 괜찮아 보인다.

내가 만족스럽거나 행복할 때는

내가 가기 좋아하는 장소는

내가 좋아하는 활동은

내가 좋아하는 음악은

내가 좋아하는 영화는

내가 좋아하는 책은

이 외에 덧붙일 사항:

|표4-3| 개인적 취향 훈련
시간이 날 때 내가 하기 좋아하는 것
혼자서, 가족과
직업적으로
대인관계에서, 여가로
내가 즐거워할 (즐거워한) 것은?
내가 만족할 (만족한) 것은?
성취감과 유능감을 줄 (주는) 것은?
내가 삶에서 원하는 것
개인적으로
직업적으로
대인관계에서
내가 삶에서 원하지 않는 것
개인적으로
직업적으로
대인관계에서

취향	선호	비선호
대인관계 취향		
사람 (친구, 친척 등)		
친구의 개인적 특성		
나를 대하는 방식		
내가 선호하는 호칭		
존경하는 사람		
나에게 영감을 주는 사람		
내가 관심 있는 주제나 문제		
직업적 취향		
일에서 바라는 것		
흥미 있는 것은? 즐기는 것은?		
만족감을 얻는 것		
일하기 좋아하는 환경이나 일터는?		
내 이상적인 직업		

취향	선호	비선호
개인적 취향		
활동 (에너지가 생기는 활동은? 재미있거나 편안한 활동은?)		
휴식		
냄새, 향기		
색깔		
꽃		
음식		
음료		
식당		

취향	선호	비선호
개인적 취향		
식물, 나무		
계절		
경치, 풍경		
반려동물, 동물		
운동		
스포츠 (참여)		
스포츠 (관람)		
휴가		

취향	선호	비선호
예술적 취향		
미술, 화가		
박물관		
건축물		
책, 작가		
잡지, 신문		
칼럼니스트, 기자		
음악— 장르, 연주자, 작곡가		
영화		
배우		
텔레비전		
공연장, 연극		

취향	선호	비선호
스타일 취향		
옷, 액세서리, 신발		
디자이너		
숍		
좋아하는 집의 형태		
날씨, 기후		
스타일, 집의 건축양식		
인테리어 스타일— 가구, 색, 질감		
집에 있는 물건		
자동차, 트럭, 기타 교통수단		

〈 Chapter 05 〉

상황을 통제할 수 없다면 유연하게 적응하자

• 기분장애 관리전략 •

◆
◆

"우리가 바람의 방향을 바꿀 수는 없지만,
돛을 조종할 수는 있다."
–토머스 S. 몬슨

삶에서는 우리가 피하거나 통제할 수 없는 많은 일들이 일어난다. 이때 가장 좋은 접근방식은 통제할 수 없는 것에 대해 유연하게 적응하는 것이다. 위 문장에서 '바람'은 외부의 영향력, 다른 사람들, 대자연, 인생이 당신에게 주는 것들을 의미한다. 소중한 사람이나 직장, 관계의 상실 또는 질병이나 생각대로 풀리지 않는 일일 수도 있다. 이것들은 모두에게 큰 영향을 미친다. 돛을 조종한다는 것은 자신에 대해 상상했던 것과 살짝 다른 길을 걷도록 선택하거나 잠시 동안 일을 내려놓는 것을 의미한다. 때로는 폭풍우가 강력해서 우리는 두들겨 맞고 돛은 찢어질 수 있다. 이럴 때는 그저 가라앉지 않고 버티기 위해 더 큰 인내심과 회복력을 발휘해야 할 수도 있다.

치료계획 지키기

우울증과 양극성장애는 이상적으로 의료진과의 협력이 필요하며 약물과 상담치료(심리치료)를 병행하는 경우가 많다. 대부분은 더 좋은 기분을 느끼고 더 잘 생활하기 위해 치료를 받는다. 치료는 새로운 기술을 습득하고, 감정을 이해하고 관리하며, 관계에서의 어려움을 다룰 수 있도록 도와주기도 한다.

공유의사결정

치료 제공자들과 협력해서 내린 결정을 '공유의사결정 shared decision making'이라고 부른다. 이것은 환자 중심의 치료 모델로서, 임상가와 환자가 함께 협력해 임상적 증거를 바탕으로 개인적 선호와 가치관에 따른 위험성과 이득의 균형을 맞추어서 결정을 내리고 진단검사와 치료, 간병계획을 선택하는 과정이다. 의사와 치료사는 당신의 목표와 선호도를 존중하고, 그것들을 바탕으로 권고와 치료를 해나갈 것이다.

그렇다면 왜 이런 결정에 참여해야 할까? 첫째, 선택 가능한 치료법에 대해 잘 알수록, 권고사항을 따를 가능성이 높아진다. 당신은 정보를 얻는다. 존중받는 느낌을 받는다. 임상가와 신뢰하는 관계를 구축하는 데에도 도움이 된다. 당신 또한 걱정거리와 목표, 궁금증을 이야기하며 공유하고, 제공되는 정보들을 찾아보는 책임감을 지녀야 한다는 것을 기억하자.

우울증이나 양극성장애가 있는 사람들은 대부분 외래 진료실에서 치료를 받는다. 약물을 처방하고 환자와 함께 전반적인 치료계획을 세우는 의사는 보통 정신과 의사다. 대부분은 가정의학과나 주치의가 정신과나 임상심리학자와 진료를 볼 수 있도록 의뢰를 해준다(한국에서는 환자가 곧장 정신건강의학과나 심리상담소를 찾는 경우도 흔하다. - 옮긴이). 그러나 내과 전문의나 일반의가 약물을 처방해주는 경우도 있다. 이 외에도 우울증 진료 과정 중 정신건강 임상심리사, 정신건강 간호사, 정신건강 사회복지사를 만날 수 있다.

의뢰를 해줄 일반의를 만날 수 없다면, 지역의 정신건강센터 또는 지역이나 대학병원 정신건강의학과의 환자접수 전화번호로 연락을 해볼 수 있다. 그들이 당신의 증상에 따라 만나볼 수 있는 의사를 연결해줄 수 있을 것이다.

2장에서 언급한 바와 같이, 우울증과 다른 정신질환에 대한 낙인이 이어지고 있다. 이 낙인은 잘못된 정보에서 나온 것임을 기억하고, 질병에 대한 전문적 도움을 구하려는 결심에 영향을 미치지 않도록 한다.

상담치료

심리치료(상담치료)는 기분장애 치료에서 기초적인 치료법이다. 심리치료 단독으로, 또는 약물치료와 함께, 추후 우울 삽화를 완화하고 예방하는 데 효과를 보여왔다. 상담치료는 상담자가 이끄는 치료적 대화의 한 종류로서 심리적·정서적 문제들과 왜곡된 사고, 문제적 행동에 초점을 맞춘다. 질병을 다루고, 자신을 더 잘 이해하며, 스트레스를 관리하는 건강한 방식을 배우고, 삶에서 건강한 결정을 내리고, 인생의 주요 상실이나 전환에 적응하는 데 도움을 줄 수 있다. 상담치료는 일대일 또는 집단상황에서 진행할 수 있다.

상담치료를 전공한 정신건강 전문가로는 대개 상담심리사나 임상 사회복지사가 있으며, 이들이 당신과 함께 심리상담 치료계획을 세울 것이다. 심리치료의 성과는 당신에게 잘 맞는 치료사와의 신뢰관계 구축에 달려있다. 심리치료는 결과를 얻기 위해서 시간과 노력이 필요하다. 수동적으로 치료를 받는 것이 아니라, 내담자 스스로 결과를 얻기 위해 많은 노력을 기울여야 한다. 때로는 회기 동안 작업을 하면서 결과를 얻는다(개인으로든 집단상담으로든). 그러나 그 주의 나머지 시간 동안, 회기 중에 배운 것을 일상생활에 적용할 기회가 있을 때에 결과가 나오는 경우가 더 많다.

상담치료는 당신이 생각 또는 행동하는 방식을 일부 바꾸게 만드는 경우가 많아 이것이 불편할 수 있다. 익숙하지 않은 것으로의 변화는 두려운 동시에 희망을 준다. 이전과는 다르고 아마도 당신이 편안한 영역 밖에 있을 무언가를 하기 때문에 두렵고, 그 목적이 기분을 나아지게 하는 것이기에 희망적이다. 심리치료가 불편한 감정들을 일으킬 수도 있다. 이 감정들을 다루는 것

역시 회복 과정에서 중요하다. 심리치료는 여러 종류가 있고, 각기 다른 이름으로 불린다. 그 종류는 당신이 지닌 문제와 욕구에 따라 달라진다.

- **인지행동치료(CBT):** 많은 검증을 받았고 우울증을 치료하고 재발(증상의 되풀이) 위험성을 줄이는 데 매우 효과가 있는 것으로 나타난 상담치료의 한 종류다. 이 치료는 생각과 감정, 행동 간의 관련성을 살펴본다. 왜곡된 사고패턴과 부정확한 신념, 문제적인 행동을 파악하고 바꾸는 방법을 배운다. 8장에서 이에 관해 더 자세히 읽을 수 있다.
- **마음챙김 기반 CBT:** 일부 사람들에게 효과를 보이는 약간 다른 접근방식이다. 이것은 과거나 미래의 사건에 매달리지 않고, 지금 순간에 머무르는 데 초점을 맞춘다.
- **변증법적 행동치료(DBT):** 또 다른 심리치료 종류로서, 구체적인 인지행동적 전략과 마음챙김 기법들을 ① 마음챙김, ② 대인관계 효율성, ③ 정서조절, ④ 고통 감내의 네 모듈에서 가르친다. DBT는 항우울제 약물에 더해 효과를 보이며, 우울 증상의 개선을 가져오는 것으로 나타났다.

　약물치료와 심리치료는 단독으로도 우울증을 치료하고 재발·재현 가능성을 줄여주는 데 효과적이다. 두 가지를 병행하면 재발방지에 더 큰 효과를 보인다. 따라서 서로 보완되는 치료들로 보인다. 심리치료는 항우울제보다 좀더 넓은 범위의 효과를 내는데, 기능 수준을 높여주거나, 특정한 증상들(죄책감, 절망감, 비관 등)을 직접 다루고, 대처기술을 가르치고, 대인관계를 개선시키며, 서로 다른 뇌 영역들을 자극하는 등이다. 심리치료의 효과는 더 오래 지속되고 치료 후에도 유지된다.

약물치료

우울증은 항우울제 약물로 치료할 때가 많다. 양극성장애는 리튬 등의 기분안정제로 치료하기도 한다. 사람은 모두 다르기 때문에 서로 다른 종류의 약물이나 약물들의 조합이 필요하다. 연구에 따르면 가장 효과적인 치료는 상담치료와 약물치료를 병행하는 것이다. 가벼운 증상들은 상담치료나 약물치료 단독으로도 잘 반응할 수 있다.

약물치료를 시작하고 6~8주는 지나야 개선 효과를 보이고 '자신 같은 느낌'을 다시 느끼기 시작할 수 있다. 때로는 가장 효과적인 약물이나 약물조합을 찾아낼 때까지 여러 약물을 시도해봐야 한다. 약 3분의 1가량의 사람들은 처음 시도해본 약물에 반응하지 않으므로, 의사와 함께 가장 좋은 진료방법을 찾아내기 위해 상의하는 것이 중요하다.

증상이 나아지기 시작할 때까지 약물을 잘 복용하는 것이 필수적이다. 복용을 멈추면 곧 증상의 재발(되풀이) 위험에 처하게 된다. 약물에 의존해야 한다는 뜻은 아니다. 안타깝게도 연구에 따르면 항우울제 복약 불순응(비복용)은 흔한 문제로서, 단기적으로 보아 환자의 절반만이 적합한 복용량을 지켰다. 복용하지 않는 환자들은 나아지지 않거나 증상이 돌아올 위험에 처해 있다. 이것이 바로 증상들이 없어질 때까지는 정기적으로 의사, 기왕이면 정신과 전문의와 꾸준히 진료를 계속 보는 것이 중요한 이유이다.

보험에 들지 않았거나 입증된 재정 문제가 있는 이들에게는 약물 처방을 위한 환자지원 프로그램들이 존재한다. 이 프로그램들을 이용하면 처방약물 비용을 거의 또는 전혀 내지 않는다(우리나라의 경우에는 지역별 정신건강복지센터 및 심리지원센터 등 사이트 기관 안내를 통해 저소득층 등 지원서비스 문의, 치료비 지원 상담을 받을 수 있다. 정신건강 통합 플랫폼 '블루터치(blutouch.net)에서 지역별 정신건강복지센터에 관한 정보를 확인할 수 있다.–감수자).

입원치료

때로는 기분장애의 증상이 입원병동 세팅에서 치료가 필요한 정도까지 악화되기도 한다. 입원치료는 더 집중적인 치료형태로서, 약물치료와 함께 매일 개인치료와 집단치료를 받는다. 병동에 들어가는 것은 처음 입원할 때, 특히 상태가 좋지 못하고 어떻게 지내게 될지 잘 모르는 상태에서는 두려운 경험이 될 수 있다. 가족이나 친구들이 당신의 질병이나 치료를 잘 이해하지 못해서, 지지받지 못한다고 느낄 때에도 힘들 수 있다. 그러나 입원병동은 힘든 시간에 안전한 환경을 제공한다. 혼란을 겪거나 자살사고가 있는 이들에게는 이것이 특히 중요하다. 병원에서 치료받는 사람들은 대부분 큰 도움을 받고 심지어 그래서 살아났다고 생각한다.

입원병동에 가면 정신건강 전문가들과 함께 작업하게 된다. 그들은 현재 치료계획을 살펴보고 변경사항을 제안하기도 한다. 입원병동 담당팀에는 선임 정신과의사, 심리사, 간호사, 사회복지사가 포함되고 때로 전담 치료사도 함께한다. 대학병원에는 정신건강의학과의 레지던트와 의과대학 학생들, 때로는 간호학과 학생들도 있을 것이다. 입원 시의 치료계획은 당신과 치료진이 함께 세운다. 당신에게도, 안전에 문제가 없다면, 적절하고 효과가 있을 것으로 여겨지는 방식을 결정할 권리가 있다. 어떤 경우에는 ECT(전기충격요법, 또는 충격요법) 같은 치료를 과정 중 하나로 추천할 수도 있다. 집단치료 회기의 다른 환자들로부터 지지와 조언도 받을 것이다.

치료받기 두렵거나 꺼려진다면?

그 이유가 타당할 수도, 오류일 수도 있지만, 약물이나 심리치료를 받는 것이 불편하거나 걱정스러운 경우가 있다. 잘못된 정보나 주변사람, 뉴스, 소셜미디어에서 들은 일화성 이야기 때문에 이런 판단이 생기는 경우도 있다. 이외에 치료를 주저하는 이유 중 일부는 다음과 같다.

- 치료의 필요성이 자신의 실패를 나타낸다고 믿음 ― 결코 사실이 아니다.
- 더 상처를 받는 느낌을 받고 싶지 않고 상담치료가 침해적이어서, '사적인' 문제를 밝히고 싶지 않음 ― 치료자는 이 문제를 도와주기 위한 훈련이 되어 있다.
- 사생활 문제에 대한 걱정과 친구나 동료들에게 노출됐을 때 낙인에 대한 두려움 ― 사실, 당신이 아는 모든 사람이 정신질환을 잘 이해하지는 못할 것이다.
- 적어도 당신에게는 치료의 효과가 없을 것이라고 믿음 ― 치료에는 많은 종류가 있으며, 의료진이 당신에게 알맞은 계획을 선택할 것이다.
- 연령이나 문화적 배경 때문에 정신건강 문제를 잘 모르거나 불편해 함 ― 기분장애가 생물학적 질병이라는 점에 대한 교육이 필요하다.
- 약물에 의존하게 될까 봐 두려움 ― 가능성이 높지 않다.

- 소문으로 들은 일부 부작용들에 대한 두려움 — 막연한 예상은 실제보다 과장된 경우가 많다.
- 상담치료 같은 치료로 인해 강한 감정들을 느끼게 될 것에 대한 불안함 — 치료자는 이 문제를 도와주기 위한 훈련이 되어 있다.

이 같은 우려를 가장 잘 해결할 수 있는 길은 신뢰할 만한 곳에서 정확한 정보와 검증된 치료법을 제공받는 것이다. 그 후에 경험 있는 정신건강 임상의와 함께 당신의 두려움과 걱정거리에 관해 이야기를 나눈다. 치료에 당장 동의하지 않더라도 진찰을 받을 수 있고, 질병 정보와 치료법에 관해 의사와 상의해볼 수 있다. 대부분의 경우에는 불안감과 거부감이 사라질 것이다.

치료사와의 관계

치료의 성공 여부, 특히 심리치료는 당신에게 잘 맞는 치료사와의 신뢰관계 형성이 중요하다. 잘 맞는 치료사를 어떻게 찾을 것인가? 그 답은 사람에 따라 다르다. 정신과 전문의나 일반의에게 추천을 부탁하는 것도 시작하는 한 방법이다. 거주하는 지역에서 이용가능한지에 따라 다르겠지만, 상담심리사나 자격증이 있는 심리치료사, 자격증이 있는 정신건강 사회복지사에게 연계될 수도 있다. 우울증이나 양극성장애가 있는 환자 치료에 전문성이 있는 치료사를 찾아보자. 큰 대학병원 가까이에 산다면, 대부분의 의과대학 정신건강의학과에는 전문 우울증센터가 있어서 당신을 연계해줄 것이다. 여러 명을 소개받고 각 사람과 대면으로 상담을 진행해보며 이야기를 나누기가 편안한지 살펴본다. 모든 치료사가 당신과 잘 맞지는 않을 테니, 잘 될 거라고 생각되는 사람을 찾을 때까지 계속 찾아본다.

면접을 보면서 질문 던지기를 두려워하지 말자. 직업적 훈련과 배경에 대해 물어보자. 당신이 선택한 사람이 다른 의사들(정신과 전문의나 주치의 등)과 협력할 수 있는지 꼭 확인한다. 그 치료사가 당신의 근무시간 전후로 상담시간을 잡을 수 있는지도 알아본다. 비용 지불방법과 당신의 보험내용으로 보장이 되는지도 물어본다. 당신이 외딴 지역에 산다면, 치료사가 일반 전화나 화상 인터넷 전화, 또는 온라인 방식을 통해 소통할 수 있는지도 확인해본다.

좋은 치료사의 특징

치료사들은 아주 많고, 각자 특별한 스타일과 성격, 훈련 경험을 갖고 있다. 사용하는 심리치료 방법도 다를 수 있다. 이런 차이가 양질의 치료를 제공하는 데 문제가 되지는 않는다. 좋은 치료사라면,

- 잘 듣고 주의를 기울인다.
- 공감적이고 이해해준다.
- 비난하거나 무시하지 않는다.
- 존중해준다.
- 천천히 신뢰를 쌓는다.

- 올바른 전문적 조언을 제공한다.

- 선을 지킨다.

- 자신의 개인적 편견이나 관점을 당신에게 강요하지 않는다.

- 당신 스스로 문제를 해결하는 길을 찾을 수 있게 돕고 대신 해주지 않는다.

- 당신의 강점들을 북돋는다.

- 똑같은 요일과 시간에 정기적으로 상담을 제공한다.

- 상담을 제시간에 시작하고 끝낸다.

- 상담시간 동안 전화를 받거나 다른 일을 하지 않는다.

- 응급상황에는 근무시간 뒤에도 문자 메시지나 전화 통화로 연락이 가능하다.

- 사생활과 비밀을 지켜준다.

좋은 환자의 특징

상담에서 가장 많은 것을 얻어내려면 무엇이 필요할까? 당신이 상담치료에 관심이 있고 진심이라는 것을 행동으로 보여주어야 한다. 상담을 받는 것은 쌍방통행의 작업이며, 해야 할 일이 아주 많다. 치료사와도 좋은 전문적 관계를 유지해야 한다. 스스로 이렇게 행동할 때 회복과 유지 가능성이 제일 높아진다. 아래 지침들이 성공적인 상담을 받도록 도와줄 것이다.

- 처방받은 모든 치료를 따른다. ― 약물 복용과 추천받은 치료법 시도가 모두 포함된다.

- 일정대로 치료를 받는다. 비상 상황이 아니라면 상담 약속을 건너뛰거나 마지막 순간에 취소하지 않는다.

- 제 시간에 약속 장소에 도착하고 회기가 끝날 때까지 머무른다.

- 취하지 않은 채로 치료를 받는다. — 술이나 약물의 기운이 남은 채로 가지 않는다.

- 치료사에게 솔직해진다.

- 스스로 노력한다.

- 치료사가 요구한 '과제'들을 실시한다.

- 각 회기마다 치료사와 논의하거나 작업하고 싶은 주제를 준비해서 간다.

- 회기 중에는 휴대전화, 태블릿 등 전자기기들을 꺼놓는다.

- 잘 듣는다.

- 대화에 주의를 기울인다. 주제를 벗어나는 생각이 들기 시작하면 정신을 차린다.

- 이야기 중인 사안을 기억하거나 집중하는 것이 힘들면 메모를 한다.

- 존중심을 표현한다.

- 선을 지킨다. — 이것은 전문적인 관계이지, 편한 친구관계가 아니다.

- 회기 중에 분노와 감정 분출을 다스린다. 분노 문제가 있다면, 치료사가 치료 과정에 그것을 포함시킬 것이다.

- 치료사를 신뢰하는 법을 배우고 그들이 당신에게 최선인 결과를 생각하고 있음을 이해한다.

- 긴급한 상황이 아니라면 치료사에게 직접 전화하는 것을 삼간다.

- 안전하지 않거나 자살충동을 느낀다면 치료사에게 전화하거나 응급실로 향한다.

기분장애를 효과적으로 관리하는 법

우울증이나 양극성장애의 효과적인 관리는 정서적 균형과 안정성을 유지하는 데 핵심적이다. 그러면 기분과 기능이 더 나아질 것이다. 자신을 돌보고 질병 관리에 능동적으로 참여하는 사람들이 더 많이 회복하고 잘 유지한다는 점은 연구결과에 꾸준히 나타난다. 우울 증상 때문에 질병 관리에 꼭 필요한 것을 하기 어렵다고 느끼는 경우도 있다. 예를 들어서 피로감이나 식욕부진과 수면부족, 흥미저하 증상들 때문에 건강한 삶에 필요한 운동을 실행할 능력이 저하될 수 있다. 이것이 질병 관리를 힘들게 만들긴 하지만, 그래도 해낼 수 있다. 그리고 그것이 변화를 만들어낼 것이다.

질병을 관리한다는 것은 무슨 뜻일까? 그것은 질병에 대해 공부하고 당신의 증상들에 대처하기 위해 특정한 방법, 전략, 기술들을 날마다 사용한다는 뜻이다. 이에 관한 전략을 뒤에서 자세히 다룬다. 질병을 다루기 위한 도구를 개발하면 회복하고, 악화를 막으며, 재발을 방지하는 데 도움이 될 것이다.

우울증을 효율적으로 관리하려면 증상에 주의를 기울이고 관찰하며, 부정적인 생각을 검토하고, 문제해결 기법을 사용하고, 적응하며, 부정적인 행동을 피해야 한다(7장 〈재발방지 전략〉 참고). 그 말은, 일과를 조정하고 현재 관계들을 개선하기 위해 노력해야 한다는 뜻이다. 효율적인 관리에는 자기돌봄에 관심을 기울이고, 건강한 생활습관과 식단을 지키며, 신체운동을 하고, 의사가 개발한 치료계획을 따르는 것도 포함된다.

'자가관리 self-management'는 당신과 함께 작업하며 안내해주는 의료전문가와 함께할 때 가장 좋다. 그 과정에 파트너로 참여하면서 함께 치료 결정을 내리고, 자신의 상태 변화를 해석하고 관리하며, 정서적 반응에 대처하고, 행동적 변화를 실행하고, 의학적 자원과 공동체적 지원을 현명하게 사용해야 한다. 질병을 적극적으로 관리하면 표준적인 치료만으로도 더 좋은 효과를 볼 수 있고 재발위험도 줄어들 수 있다.

연구에 따르면, 환자들이 의료진과 협력하고, 질병에 대해 공부하며, 약물 결정 과정에 함께하고, 자가관리를 촉진하기 위한 인지행동 전략들을 사용할 때 우울 증상에 개선이 나타난다. 이를 위한 전략들로는 우울증 증상의 변화 관찰, 초기 위험징후 관찰, 사회적 교류, 즐거운 활동 참여, 우울증 악화나 재발로 이어질 수 있는 상황들에 대비한 자기돌봄 계획 작성 등이 있다. 또 다른 연구에서는 이런 요인들이 기분장애가 있는 사람들의 항우울제 복용 순응도에 중요한 영향을 미쳐서 더 나은 개선 결과에 기여함을 보여주었다.

기분장애 관리에는 아래의 사항들이 있다(〈상자 5-1〉에도 제시했다).

질병의 수용

우울증이나 양극성장애가 질병이라는 점, 그것이 당신의 신체와 정신에 영향을 미치는 질병임을 받아들인다. 그것은 나약함이나 성격적 결함, 당신이 완벽하게 통제할 수 있는 어떤 것이 아니다. 삶의 질에 미치는 영향력을 최소화할 수 있도록 치료하고 관리할 수 있는 하나의 질병이다. 때로는 가족이나 친구들이 기분장애에 다른 견해를 보이거나, 불행하지만 잘못된 제안들을 할 수도 있다. 이런 다른 관점의 말은 듣지 말라.

우울증과 함께 사는 것은 아주 힘든 일이다. 증상 관리의 성공 가능성을 높이려면 다음 사항들을 잘 따라야 한다.

- 그것이 질병임을 받아들인다.
- 치료계획을 따른다.
- 증상의 변동(변화)과 그 양상을 이해한다.
- 기저선을 설정한다.
- 유발요인을 파악하고 관찰한다(7장 참고).
- 초기 위험징후와 증상을 파악하고 관찰한다(7장 참고).
- 상황이 나빠질 때, 즉 당신이나 주변 사람들이 당신의 위험징후를 알아차렸을 때 사용할 실행계획을 마련한다(7장 참고).
- 재발방지 전략을 사용한다. 재발방지는 잘 지내는 데 도움이 되는 일상적인 접근방식이다(7장 참고).
- 효율적인 대처기술을 익히고 사용한다(9장 참고).
- 사회적 교류를 유지한다. 고립을 피한다.
- 자기돌봄을 유지한다.
- 생활계획과 체계를 따른다. 시간계획을 세운다.
- 매일, 그럴 기분이 아닐 때에도 무언가를 한다.
- 무언가를 성취한다(8장 참고).
- 잠깐 동안, 위기 순간의 고통을 이겨낼 내성을 기른다(9장 참고).

치료계획 준수

당신의 참여와 승인을 거쳐 의료진이 개발한 치료계획은 당신을 돕기 위해 만든 것이다. 처방받은 모든 약물을 복용하고, 일반의약품 또는 처방 없이 살 수 있는 약물을 먹는다면 의사에게 알린다. 증상이 좋아지기 시작하더라도 계속 약을 먹고 복용량을 바꾸지 않는다. 술과 마약은 증상을 악화할 뿐이니 피한다. 상담회기에도 적극적으로 참여하고, 처방받은 과제들을 수행하며, 회기를 건너뛰지 않는 것도 중요하다.

증상 변동(기복) 이해

변동이란, 시간에 따라 생기는 증상의 변화다. 기분장애라는 질병을 겪으면서 시간에 따라 기복과 변동이 분명히 있을 것이다. 〈표 2-4〉로 제시한 기분 기록지를 이용해 그 변화를 파악한다(100쪽). 치료사와 함께 이 기록지를 보고 증상들의 변동과 그 양상을 이해하는 법을 배운다. 우울 삽화를 경험 중이라면, 상황이 나아질 것임을 기억하기가 쉽지 않다. 어두운 시간 동안 이 사실을 스스로 기억하기 위해 노력한다. 치료사와 함께 이 책에 담긴 권고들을 이용해 증상의 깊이와 강도, 지속시간을 최소화하도록 노력한다.

기저선 설정

우울증이나 양극성장애가 있으면 현재의 기분 상태 외에 다른 것을 기억하기가 힘들 수 있다. 자신이 누구인지에 대한 감각, 자신에 대한 내적 감각과의 연결을 유지할 방법을 찾는다. 기저자아 또는 더 건강한 마음 상태를 기억하면 각 삽화를 맥락 속에서 이해하고, 삶에 대한 통제력을 좀더 느끼게 될 것이다. 당신에게는 우울증만 있는 것이 아니다.

회복기간에 건강한 기저자아에 대해 분명한 이미지를 그려낼 수 있으면, 자신이 무엇을 목표로 하고 있는지 아는 데 도움이 될 것이다. 당신을 잘 아는 사람들에게 도와달라고 부탁해야 할 수도 있다. 친구나 가족들에게 당신의 장점과 개인적 특징들을 솔직히 말해달라고 부탁하고, 그것들을 받아 적는다. 주기적으로 그 목록을 살펴본다. 앞의 4장 〈기저선 설정하기〉에 이 일을 할 때 도움이 되는 훈련법이 제시되어 있다.

유발요인 파악과 관찰

유발요인이란, 고통스럽고 증상이 심해질 수 있는 사건이나 상황이다. 재발을 방지하려면 무엇이 당신의 증상을 악화시킬 수 있는지 아는 것이 결정적으로 중요하다(180~181쪽 참고). 유발요인 자체를 바꾸지는 못한다 해도 스트레스를 덜 받도록 당신이 그것에 반응하는 방식을 바꿀 수는 있다. 치료사와 함께 유발요인을 파악하고 관찰하며 그에 대한 반응을 수정하는 법을 배운다.

초기 위험징후와 증상 파악 그리고 관찰

위험징후란 당신의 기저 상태에서 벗어나는 분명한 변화로서 우울증이나 조증 삽화에 앞서 나타난다(181~183쪽 참고). 사람마다 위험징후에 특징적인 양상이 있다. 사고와 감정, 행동, 일과, 자기돌봄 등에 당신이나 타인들이 알아차릴 만한 변화가 생긴다. 당신만의 위험징후가 되는 변화들을 알고 있으면 삽화를 초기에 알아차릴 수 있다. 이를 통해 우울증이나 양극성장애의 진행과정에 개입하고 변화시킬 기회가 생길 것이다.

위험징후가 될 수 있는 증상들은 2주 이상 지속되는 우울증이나 조증의 특징과 같다(2장 〈기분장애에 대한 이해〉 참고). 식욕·수면·사고·집중력 변화, 흥미상실, 슬픔 · 무가치감 · 절망감 · 죄책감, 부정적이거나 고양된 사고나 감정, 행동이 둔해지거나 과민하거나, 산만하거나, 과도해짐 등이 될 수 있다.

실행계획 개발

재발방지 실행계획이라는 개입전략은 우울증의 악화나 재발에 대응하기 위해 작성한 자기돌봄 계획이다. 이 실행계획은 우울증이나 조증 삽화를 관리하고, 해결하고, 심각성을 낮추기 위해 취해야 하는 전략들을 모두 다룬다. 또 도움을 요청할 인물들, 즉 의료인이나 가족, 친구들의 목록도 포함된다. 상황이 나빠질 때, 당신이나 주변인이 당신의 위험징후나 정서 상태의 변화를 알아차릴 때 이용할 수 있도록 치료사와 함께 개입을 위한 실행계획을 세운다. 바로 지금 당신만의 실행계획을 만들고 심각한 증상이 있기 전에 사용할 수 있도록 준비해둔다. 〈표 7-1〉에 재발방지 실행계획의 예시가 있다(172~175쪽).

재발방지 전략 사용

재발방지 전략은 잘 지내도록 도와주는 일상적인 접근방식이다. 이를 통해 증상의 변화를 파악하고, 관찰하고, 조기에 반응하게 만든다. 이 접근방식에는 정서적 자원을 강화하기 위해 매일 예방적 조치를 취하는 것도 포함된다. 재발방지에 대해 더 알고 싶다면 7장 〈재발방지 전략〉을 참고한다. 재발방지 전략에는 당신과 치료진이 수행할 다음의 다섯 가지 주요 조치가 있다.

- 당신의 위험징후가 무엇인지 미리 알아둔다.
- 위험징후에 주의를 기울인다. 기저선에서 벗어나는 변화가 나타나기 시작하면 알아차린다.
- 미리 실행계획을 세우고 증상에 변화가 생겼을 때 사용할 준비를 해둔다.
- 안정적으로 지내기 위해서 매일 예방적 조치를 따른다.
- 정서건강에 변화가 생긴 것을 알아차리면 실행계획에 따른다. 그 계획 덕분에 조기에 개입하고 삽화의 진행을 수정하거나 개선할 수 있을 것이다.

대처기술 사용

대처기술은 스트레스 유발요인이 미치는 영향력을 줄이고 힘든 시간을 이겨내기 위해 취하는 여러 가지 행동이다. 문제해결, 자기위로, 관심 돌리기, 휴식, 유머, 사소한 일이 큰일이 되기 전에 처리하기 등이 이런 기술에 속한다.

효율적인 대처기술을 배우고 사용하는 것이 기분장애 관리에 핵심적이다. 대처기술에 관해서는 9장 〈힘든 시기를 지나는 법〉에서 더 자세히 다룬다.

사회적 교류 유지

사회적 교류를 유지하는 것은 누구에게든 정서적 건강에 중요하다. 우울할 때에는 스스로 하기 힘들 수 있으니, 친구와 가족들에게 도움을 구해 계속 연락을 취해달라고 부탁한다. 좋아하는 사람들과 함께하는 것은 기분에 긍정적인 영향을 준다. 그것을 통해 수용받는 느낌과 높아진 자존감, 함께 즐겁게 어울릴 기회, 필요할 때 당신을 지지해줄 수 있는 사람들과의 관계를 얻을 수 있다. 고립과 위축은 우울증을 심하게 만들 뿐이니 피해야 한다. 같은 질병과 걱정을 공유하는 사람들로 이루어진 지지집단에서 도움을 얻는 이들도 있다.

자기돌봄 유지

일어나서, 샤워를 하고, 머리를 감고, 이를 닦자. 매일. 깨끗하고 좋은 옷을 차려입고, 하루 종일 잠옷만 입고 있지 않는다. 머리를 자르거나 손톱 관리를 받으며 죄책감을 느끼지 않아도 된다. 이런 활동들은 단순해 보일지 모르지만, 많은 에너지가 필요하고 우울할 때에는 하기 힘든 일들이다. 그리고 아마 가장 하고 싶지 않은 일일 것이다. 그러나 자기 몸을 잘 돌보아야 자신에 대해서도 더 좋은 감정을 느낄 수 있다. 이런 성취를 이뤄낸 자신을 인정해주자.

생활 계획과 체계 준수

생활에 계획과 체계가 있으면 여러 면에서 도움이 될 수 있다. 가령, 한없이 혼자 멍하니 시간을 보내면서 결국 우울 증상만 악화하는 일을 막을 수 있다(58쪽 참고). 그리고 일상에 목적도 생겨서 자아존중감이 향상되는 데 도움이 된다. 시간 계획을 세우고, 그 계획을 따르려고 노력하되, 자신에게 너무 엄격하지는 말자. 우울증을 겪는 많은 이들이 일상활동에 애를 먹는다. 실제로 써둔 계획표를 따르면 해야 할 모든 일을 눈으로 보고 해내는 데 도움이 되고, 좋은 기분과 매일의 성취감을 느끼게 될 것이다.

매일 무언가는 하기

우울증이 있으면 어떤 것을 하려는 의욕도 사라진 기분이 드는데, 이는 특히 삽화 중에는 모든 것이 다 어려워 보여서 더욱 그렇다. 아무것도 하고 싶지 않을 수 있지만, 그래도 시도해본다. 최소한 단 한 가지라도. '행동이 의지에 우선한다.' 그럴 기분이 아닐 때에도, 매일 무언가를 하자. 그것에 대한 관심은 나중에 생길 것이다.

성취 활동

성취는 약간 어렵고 약간 도전이 되는 무언가를 하는 것이다. 새로운 기술이나 취미를 익히거나, 한계를 극복하는 것이 될 수도 있다. 성취 활동을 시도할 때 유능감과 효율감을 더 느끼고 성취감을 얻게 될 것이다(60쪽, 201쪽, 208쪽 참고). 시도하는 것에 의미를 두자.

고통 감내 전략 개발

고통 감내 전략은 어려운 위기의 순간을 이겨내는 데 필요한 기술들을 사용하는 것이다. 이런 기술로 관심 돌리기, 자기위로, 위안하기, 그 순간 자체를 개선하기 등이 있다(221~223쪽 참고). 위기 때에는 절박한 느낌을 받거나 충동적으로 행동하고 싶은 욕구가 생길 수도 있다. 이 때문에 우울증을 관리하고 안정적으로 지내려는 노력이 무너질 수 있다. 잠깐 동안의 고통은 이겨낼 만한 내성을 키워두면 힘든 시간을 이겨내는 데 도움이 될 수 있다.

기분장애 관리를 위한 추가 조언

아래의 내용은 미국 의료기관평가위원회에서 우울증이 있는 이들을 위해 펴낸 2013년 교육프로그램에서 빌려온 추가적인 사항들이다. 의료기관평가

위원회는 미국 내 21,000개에 가까운 의료기관 및 프로그램들이 특정한 수행기준을 갖추는지 평가하고, 승인하며, 자격증을 주는 독립된 비영리기관이다. 위원회의 프로그램은 '스피크업Speak up: 성인우울증에 관해 알아야 할 것'으로 불린다. 이 프로그램의 목표는 흔히 나타나는 우울증의 위험징후가 무엇인지, 어떻게 해야 치료에서 가장 많은 효과를 얻을 수 있는지, 가까운 사람에게 전문적 도움이 필요할 때 어떻게 조언할 수 있는지를 더 잘 알리는 데 있다. 프로그램은 적극적으로 자신의 건강을 관리하라고 가르친다. 다음은 스피크업 안내책자에 담긴 교육내용이다.

- **S**peak Up(큰소리로 말하기): 질문이나 염려가 있다면 크게 말하고, 이해하지 못했다면, 다시 물어본다. 당신의 몸이니, 당신이 알 권리가 있다.
- **P**ay attention(집중하기): 당신이 받는 치료에 관심을 갖는다. 올바른 의료 전문가에게서 올바른 치료와 약물을 받고 있는지 확인한다. 막연히 믿고 넘어가지 않는다.
- **E**ducate(공부하기): 스스로 자신의 진단과 검사항목, 치료계획에 관해 공부한다.
- **A**sk(부탁하기): 믿을 만한 가족이나 친구에게 지지를 부탁한다.
- **K**now(알기): 어떤 약물을 먹고 왜 먹는지 안다.
- **U**se(사용하기): 병원이나 정신건강 클리닉, 여타 의료기관을 이용할 때, 의료기관평가 인증원이 제공하는 것처럼 최신의 품질 및 안전규정에 맞추어 엄격한 현장평가를 거친 기관들을 이용한다.
- **P**articipate(참여하기): 당신의 치료에 관한 모든 결정에 참여한다. 바로 당신이 의료진의 중심이 되어야 한다.

〈 Chapter 06 〉

기분을 관리하면
당신도 잘 지낼 수 있다

· 치료 목표 정하기 ·

◆
◆

"건강이란 신체적·정신적·사회적으로 안녕한 상태이며
단순히 질병이 없거나 병약하지 않은 상태가 아니다."
— 세계보건기구(WHO)

이것은 불과 한 세대 전에 건강과 잘 삶에 대해 생각해온 바와 비교되는 새로운 사고방식이다. 오로지 신체적 건강에만 초점을 맞추던 것에서 사회적 맥락 안의 전체적 인간에 관한 생각으로 옮겨간다. 이 원칙이 중요한 것은 건강이 그저 증상이 없는 상태 이상이라는 점을 강조하고, 그 정의의 범위가 한 인간 존재의 모든 측면으로 넓어졌기 때문이다.

　자신이 우울증이나 양극성장애에 빠졌다는 걸 알게 된다면 어떻게 하고 싶은가? 치료를 통해 무엇을 얻으리라 기대하는가? 목표가 무엇인가? 기분장애가 있는 사람들에게 물어본다면 대개는 자신이 원하는 것 목록 위쪽에 '기분이 나아지기'를 올려놓았다고 답할 것이다. 그런데 '나아진' 것이란 무엇을 말하는가? 대부분의 사람에게 그것은 우울증 증상이 사라진 것을 의미한다. 그러나 증상만 없다고 반드시 '잘 지내는' 기분이 드는 것은 아니다.

　잘 사는 것은 기분장애의 삽화나 우울 증상에서 벗어나는 것 그 이상이다. 그것은 계속되는 과정으로서 주변 세상에 참여하고, 자신의 삶을 통제하고, 개인적 성장감을 느끼며, 중요한 관계들이 있어야 한다. 다시 말해서 삶 속에서 유능감과 성취감을 느끼고 자신의 존재를 긍정적으로 여긴다는 뜻이다.

목표로서의 잘 삶

　위스콘신-매디슨 대학교의 C. D. 리프 박사가 쓴 심리적 안녕감^{psychological}_{well-being}에 관한 흥미로운 글의 제목은 「심리적 안녕감 재고: 학문과 실천에서의 진전 Psychological Well-Being Revisited: Advances in Science and Practice」이다. 과거의 심리학자들은 안녕감을 행복, 삶에 대한 만족감, 긍정적 정서(기분과 비슷한 것)로 생각했다. 리프는 안녕감에 관해 더 깊이 고찰하며, 그 핵심적인 특징을 다음과 같이 묘사했다.

- **삶의 목적:** 삶에 의미와 방향이 있다는 느낌. 일이나 자원봉사, 학생이나 부모, 또는 어떤 것이든 의미 있는 역할을 통해 이 느낌을 찾을 수도 있다. 우울할 때에는 목적을 잊기 쉬우므로, 잊지 않는 작업이 필요하다.

- **개인적 신념에 근거한 삶:** 신념, 견해, 원칙에 근거한 삶. 이것은 자신에 대한 결정을 자유롭게 내릴 수 있다는 의미이다(자율성이라고도 부른다). 예를 들어 당신이 성인이라면, 다른 사람에게 통제받는 느낌인가? 아니면 자신의 생각, 견해, 결정이 존중받는 느낌인가?

- **개인적 재능과 잠재력의 활용 또는 개인적 성장:** 이 성장은 직장, 학교, 자원봉사, 또는 가정에서도 일어날 수 있다.

- **인생 상황에 대한 훌륭한 관리 또는 자신의 환경에 대한 통제:** 우리는 모두 일상생활에서 변동, 기복을 경험한다. 중요한 것은 그것들을 다루는 방법을 익히는 것이다.

- **긍정적인 관계 맺기:** 타인들과의 깊은 유대감. 친밀한 사적 관계가 친구든 가족이든, 있기만 하면 된다. 이런 관계들은 정신건강의 균형을 유지하는 데 매우 중요하고 우울증 때문에 고립될 수 있는 시기에 특히 도움이 된다.

- **자기 수용:** 한 인간으로서 자신의 존재를, 단점까지 포함해 이해하고 받아들이는 것. 누구도 완벽하지 않으며 누구나 자신만의 강점과 약점이 있다. 이런 점들을 받아들이고 다루는 방법을 배우면 더 좋아진다.

여기까지 읽고 지금 당신은 '와! 이걸 다 해야 잘 살 수 있다고? 난 항상 실패자였네. 난 못 할 거야!'라고 생각할지 모른다. 하지만 이것은 기분장애가 있는 사람은 물론, 그 누구에게라도 달성하기 쉽지 않은 목표다. 심리적 안녕감은 하룻밤에 생겨나는 것이 아니다. 스스로 많은 시간과 노력을 기울여야 한다. 그리고 한번에 모든 것을 다 이루지 않아도 된다는 점을 기억하자.

잘 삶으로 가는 단계

시작으로 위의 목록 중 당신이 이뤄보고 싶은 삶의 영역 한두 가지를 찾아보는 것도 괜찮다. 치료사가 이 과정을 도와줄 수도 있다. 두 영역을 골라서 목표를 명확히 진술한다. 예를 들어 '내 의견과 힘에 따라 내 삶을 결정하고 싶다'라고 쓴다. 이렇게 목표를 설정하면 원하는 종류의 삶에 도달하는 데 도움이 된다. 자신의 강점, 이 영역에서 이뤄낸 예전 성과들을 생각해보고, 이를 통해 자신감을 끌어올린다.

이 목표에 도달하기 위해 자신과 주변상황에서 무엇을 바꾸어야 하는지를 이해한다. 자신이 개인적으로 어떻게 주변상황에 영향을 미치고 있는지, 어떻게 해야 목표에 도달하는 길에 들어설 가능성이 생기는지 파악해본다. 부정적인 사고가 가로막고 있는가? 목표를 달성하는 데 다른 방해요소, 예를 들면 통제적인 배우자나 자신감 부족 같은 것이 있는가? 그것들을 우회할 수 있는 방법을 찾는다. 목표 도달에 필요한 시작 단계의 과제들을 3~5개 정도 적는다. 목표 달성의 어려움이 아니라 목표에 집중한다. 그리고 노력하는 자기 자신을 돌본다.

예를 들어 당신의 목표가 '내 의견과 힘에 따라 내 삶을 결정하고 싶다'라면, 곧 결정을 내려야 할 사항 중에서 당신에게 중요한 것 한두 가지를 떠올려본다. 어쩌면 새로운 곳으로 이사를 가거나 이직을 생각하고 있을지 모른다. 그 일을 원하는 이유와 당신에게 그 일이 왜 중요하고 가치가 있는지 떠올린다. 자신이 이 목표를 이룰 만하다는 점을 기억한다. 스스로 좋은 결정을 내렸고 결과가 성공이었던 경험들을 적는다.

이 결정과 관련된 사실들을 찾아본다. 이 예에서라면 현실적인 예산 확인이 들어갈 것이다. 새 아파트의 임대료가 얼마나 될까? 차가 있다면, 주차비는 얼마일까? 이사차를 불러야 한다면 비용은 얼마나 들까? 통학이나 통근으로 생기는 추가비용이 있을까? 이 항목들이 예산 안에 들어오나? 아니라면 수입을 늘리기 위한 구체적인 방법은 무엇인가? 아르바이트를 구할 수 있는가? 근처에 식료품점이나 약국, 세탁소가 있는가? 돈과 관련 없는 요인들, 예를 들면 그 지역에 사는 누군가를 알고 있는지 등도 생각해본다. 친구나 가족들이 사는 곳과 거리가 얼마나 되는가?

원하는 지역의 여러 동네에 대해서 인터넷과 지인들을 통해 정보를 찾아보고 가능한 집이나 일자리를 알아본다. 이 결정의 장단점을 비교하고 그것이 당신의 삶에 미칠 영향을 생각하면서 분명한 이득과 위험성을 훑어본다. 예를 들면, '이 선택이 나에게 도움이 될 이유는 ＿＿＿＿＿＿＿다'와 같이 적는다.

당신의 개인적인 특질이 이 결정을 내리는 데 필요한 능력에 어떤 영향을 미칠지 생각해본다. 예를 들어 당신은 새로운 지역으로의 이사나 새로운 직업, 또는 재정상의 부담을 더 지는 것을 두려워하는가? 당신의 특징과 걱정을 한 줄에는 참이며 정확한 것들로, 다른 한 줄에는 잘못된 것들로 나누어 적는다. 목표를 이루기 위해 필요한 변화를 만들어내는 방법, 예를 들어 새로운 동네나 이웃에 대한 포용심을 높이는 방법이 무엇일지 생각해본다. 이를 위해서 8장에 나오는 인지행동치료(CBT) 기술들을 이용한다.

자신의 삶에서 누군가 혹은 무언가가 이런 결정을 내리는 데 방해가 되는 것은 아닌지 스스로 질문해본다. 통제적인 가족이나 부정적인 생각, 내적인 두려움이 당신의 앞길을 가로막고 있는가? 만약 그렇다면 그 문제들을 차례대로 해결해야 한다. 당신이 독립적인 성인이지만 통제적인 부모가 있다면, 부모의 허락을 받지 않고 스스로 결정을 내리기 위해 차근차근 노력한다. 결정을 내리고 되돌리기 어려울 때까지 기다린 후에 가족들에게 강하고 단호한 어조로 당신의 계획을 차분히 선언할 수도 있다. 때로는 다른 사람이 부정적인 의견을 계속 표현하더라도 당신에게 옳은 것을 해야 한다. 이것이 당신의 삶이고, 당신의 의견과 욕망이 중요하다는 점을 기억하자.

이 결정과 관련해 부정적인 생각이나 내적인 두려움이 있다면, 8장에 나오는 '기분과 사고 관찰 훈련'(195~199쪽)을 시도해보자. 이것이 사고의 왜곡을 밝혀주고 목표를 이루기 위한 길에 올라설 수 있도록 도와줄 것이다.

이제 시작해보자. 당신의 목표를 향해 가기 위해 처음에 반드시 해야 할 3~5가지의 과정을 적는다. 당신을 도와주고 결정을 내리는 과정을 도와줄 만한, 그러나 무엇을 하라고 지시하지는 않을 사람을 떠올려본다. 통제적인 배우자나 부모는 별로 도움이 되지 않는다. 당신이 꿈꾸는 목표 지점에 집중하고, 그 과정에서 피할 수 없는 어려움에 빠져들지 않는다. 해낼 때까지 자신을 잘 돌보아야 한다는 점을 기억하자.

그리고 이것 때문에 어떤 기분이 드는지 스스로 질문해본다. 과거라면 이 결정을 방해했을지 모를 그 사람들이나 상황이 주는 속박에서 벗어나서 결정을 내리는 일 말이다. 자신이 강한가? 자랑스러운가? 단호한가? 잠시라도 잘 사는 느낌인가?

우울증이 있는 우리들도 잘 살고자 하는 마음먹기가 가능하며 현실적으로 그렇게 될 수 있다. 이것은 내가 분명히 안다. 내가 그렇게 살고 있으니까.

<Chapter 07>

매일 눈뜨는 것만으로도
당신은 용감한 사람이다

· 재발방지 전략 ·

◆
◆

"용기가 언제나 으르렁대는 것만은 아니다.
때로 용기는 하루의 끝자락에 조용한 목소리로 읊조리는
'내일 다시 해보자'일 수도 있다."

― 메리 앤 래드매처

작가 메리 앤 래드매처의 책 제목이기도 한 이 말은 많은 것을 이야기해준다. 우울증은 많은 용기가 필요한 종류의 질병이다. 우리 중 많은 수가 이 질병을 침묵 속에 앓고, 가장 친밀한 친구들과 가족 일부 외에는 아무에게도 말하지 않은 채 조용히 고통을 감당한다. 잠에서 깨어 우울증이 있는 또 다른 하루, 어둠과 절망, 무력감으로 가득한 시간을 마주하기 위해서는 엄청난 용기가 필요하다. 당신이 매일매일 그것을 할 생각이 있다면, 다른 누구와도 비교할 수 없는 용기를 가지고 있는 것이다. 지붕 위에 올라가 소리치지 않아도 된다. 당신의 노력으로 조용히 그것을 보여주고 있으니까.

재발방지란?

주요우울장애와 양극성장애의 증상들은 종종 변동, 즉, 시간에 따른 기복이 있다. 그 질병의 한 특징으로 변동이 나타난다는 점을 이해하는 것이 중요하다. 이런 변화의 빈도와 양상은 사람마다 다르다. 당신의 양상을 파악하기 위한 한 방법으로 매일 〈표 2-4〉로 제시한 기분 기록지에 증상을 기록해서 의사와 공유한다(100쪽).

우울증이나 양극성장애의 삽화가 끝난 뒤 언젠가, 증상의 되풀이, 또는 재발이나 재현으로 불리는 것이 나타날 수도 있다. 재발relapse은 '부분적으로' 회복된 삽화 뒤에 모든 증상이 되돌아오는 것이다(부분적 회복partial recovery이란 기분이 나아졌으나 몇 가지 증상이 남아있는 것을 뜻한다). 재현recurrence은 '완전히' 회복된 삽화 뒤에 모든 증상이 되돌아오는 것이다. 우울증의 재발 또는 재현을 경험할 확률은 이전에 경험한 삽화의 횟수와 일부 관련이 있다. 이전에 우울증 삽화를 많이 경험했을수록 언젠가 증상이 되돌아올 확률이 높다는 뜻이다.

인지행동치료(CBT)가 재발 가능성을 낮추는 것으로 나타났다. 마음챙김 기반의 CBT도 일부 환자에게서 재발과 재현의 위험성을 낮추는 것으로 나타났다. CBT와 다른 상담치료에 더해서 증상 관리를 위한 예방적 조치들을 취하면 이를 통해 삶의 질을 향상시킬 수 있다.

재발방지는 재발 발생 가능성을 최소화하고 잘 유지하는 데 효과적인 일상적 접근방식이다. 재발방지는 기분장애의 위험징후, 유발요인, 또는 증상의 변화를 파악하고 제때 반응한다는 뜻이다. 이런 전략들을 이용해서 정서건강에 중대한 변화들이 발생할 때 적절히 개입할 수 있다. 조기 파악과 개입은 삽화가 악화되는 것을 막는 데 도움이 된다.

재발방지 전략에는 당신과 치료진이 취할 수 있는 다음과 같은 다섯 가지 주요 조치가 있다.

1. 당신에게 특징적인 위험징후, 증상, 유발요인을 파악한다(180~183쪽 참고).
2. 위험징후로 보이는 변화들에 관심을 기울인다.
3. 재발방지 실행계획이라는 개입 방법을 미리 준비해서 증상이나 위험징후에 변화가 생기면 활용한다. 실행계획에는 삽화가 심각해지지 않도록 관리하고, 대처하고, 벗어나기 위한 조치들이 담겨 있다. 도움을 구할 사람들(의료인, 가족, 친구)도 포함한다(170쪽과 172~179쪽을 참고하라).
4. 정서건강에 변화가 생긴 것을 알아채자마자 실행계획을 따른다. 실행계획을 따르면 필요할 때 빨리 개입해서 삽화의 진행을 바꾸거나 나아지게 만들 수 있다.
5. 재발방지는 매일 기초적인 예방조치를 따른다는 뜻이기도 하다. 이를 통해 정서적 안정성을 유지하고 변동에 대한 취약성을 줄일 수 있지만, 이런 변화들을 완전히 없애지는 못할 수도 있다.

예방조치는 다음과 같다.

- 좋은 수면위생을 지킨다(31~33쪽 참고)

- 균형 잡힌 영양 식단으로 하루 세끼 규칙적으로 식사한다. 가공식품을 피하고 자연식품을 먹는다.

- 규칙적으로 운동한다.

- 자기돌봄을 유지한다.

- 사회적 지지와 연락을 꾸준히 유지한다.

- 고립을 피한다.

- 삶에 긍정적이고 즐거운 경험을 더한다(60쪽, 201쪽, 207~208쪽).

- 생활의 체계와 계획을 유지한다. 시간 계획을 세운다(58~60쪽, 64~65쪽 참고).

- 대처 기술, 스트레스 유발요인의 효과를 줄이기 위한 행동을 활용한다(211~216쪽 참고).

- 처방받은 대로 약물을 끝까지 복용한다.

- 술이나 마약을 사용하지 않는다.

- 치료사와 작업을 계속한다.

- 치료사가 제공한 훈련을 지속적으로 수행한다.

양극성장애의 재발방지도 매우 유사하다. 위에서 요약한 권고사항들에 더해서 몇 가지 특히 도움이 될 만한 조언이 있다.

- 반복적이고, 균형적이며, 체계적으로 생활한다.

- 가능한 한 단순하게 생활한다.

- 과도한 자극을 피한다.

- 삶의 속도를 조절하고, 큰 과제는 여러 작은 과제들로 나눈다.

- 충전이 될 만한 일들을 찾고, 하루 일과 중 주기적으로 휴식을 취한다.

- 일과를 마칠 때에는 혼란스럽거나 자극적인 요소를 줄인다(휴식, 명상, 일기 쓰기, 목욕을 해본다).

- 충동적인 행동을 피한다. 중대한 결정이나 구입을 하기 전에 최소한 이틀은 기다리고, 믿을 만한 친구 2명에게 의견을 물어본다(2일 2명 법칙).

- 양극성장애를 위한 개입 방법으로써 공식적으로 평가받는 사회적 리듬 치료(IPSRT)를 시도해본다. 생활 계획과 체계를 유지하는 데 도움이 될 수 있다.

재발방지 실행계획

개입 방법의 하나인 재발방지 실행계획은 우울증이나 조증 삽화의 심각성을 관리하고, 대처하고, 벗어나기 위해 취하는 단계들을 살핀다. 여기에는 도움을 청할 사람들의 목록도 들어간다. 의료 종사자와 가족, 친구 등이다.

연구에 따르면 우울증이 악화되거나 재발로 이어질 수 있는 상황들에 대비해 자기관리 계획을 작성해놓으면 우울증을 관리하고 증상을 가라앉히는 데 도움이 될 수 있다고 한다. 치료사와 함께 작업해서 당신이나 주변인이 당신에게 나타난 위험징후나 정서상의 변화를 알아챘을 때 즉각 사용할 개입 실행계획을 세운다. 실행계획에는 다음과 같은 요소들이 포함된다.

- 기저 자아에 대한 묘사

- 유발요인 목록

- 위험징후 목록

- 위험징후에 대처해서 해야 할 일

- 담당 의료진 및 지지적인 가족과 친구들의 이름과 연락처

- 유용한 대처전략

- 타인에게 부탁할 수 있는 제안사항

이제 당신만의 실행계획을 세워보자. 심한 증상들이 있기 전에 만들어놓고 당신이나 누군가가 위험징후를 알아챘을 때 사용할 수 있게 미리 준비를 해둔다.

뒤에 이어지는 〈표 7-1-1〉, 〈표 7-1-2〉에 이미 답을 채워 넣은 재발방지 실행계획의 예시를 참고하면, 어떤 식으로 작성하고 어떻게 사용하는지 감을 잡을 수 있을 것이다. 그 뒤에 당신이 직접 활용할 수 있는 빈 양식을 〈표 7-2-1〉, 〈표 7-2-2〉로 제시했으니, 작성해보자.

|표 7-1-1| 재발방지 실행계획 참고용 예시

나의 기저선

당신의 기저선과 그것을 유지하기 위해 필요한 것을 서술하십시오.

나는 기분이 좋을 때,

　매일 일어나서 샤워를 하고 옷을 갈아입는다

　출근해서 동료들과 소통한다

　장을 보고 식사를 준비한다

　퇴근 후와 주말에 운동을 한다— 에어로빅, 조깅, 수영, 자전거, 등산

　재미있는 영화를 본다, 미스터리 소설을 읽는다, 뜨개를 한다

　친구들과 만난다

나는 잘 지내려면 매일,

　약을 먹는다

　7시간을 잔다

　하루 세끼를 먹는다

　일주일에 5일 운동한다

　친구와 가족을 만나거나 통화한다

　매일 계획과 체계에 따라 산다

나의 유발요인

증상을 악화할 수 있는 사건이나 상황을 서술하십시오.

  아버지에게 불려가서 혼남

  상사가 야근을 요구

  잠을 충분히 못 잠

나의 위험징후

삽화의 전조일 수 있는 개인적인 징후,
사고, 감정, 행동, 생활, 자기돌봄에서 나타나는 뚜렷한 변화들을 서술하십시오.

  잠이 너무 적어짐

  식사를 건너뜀

  친구와 가족들을 피함

  옷을 갈아입거나 샤워를 하지 않음

  전화를 다시 걸지 않음

  운동이나 외출을 하지 않음

  너무 빨리 말함

서명 (환자): _____   날짜: _____

서명 (의사): _____   날짜: _____

|표 7-1-2 | 재발방지 실행계획 참고용 예시

위험징후를 알아채면 가장 먼저 할 일

☑ 빨리 담당의사(들)에게 연락한다.

정신건강의학과   캐런 스미스 선생님   전화번호: _____

상담사/치료사   팀 존스 선생님   전화번호: _____

그 외   전화번호: _____

☑ 신체적 문제가 있으면 치료한다.

☑ 그럴 기분이 아닐 때에도, 자기관리를 하고 일상생활을 한다.

☑ 잠을 충분히 자고 균형 잡힌 식사(영양섭취)를 한다.

☑ 처방에 따라 약을 먹는다. 최근에 약물 변화가 있었는지 살핀다.

☑ 술이나 마약을 절대 하지 않는다.

☐ 기타

나를 지지해줄 사람들의 연락처 (친구, 가족)

1.   신디   전화번호: _____

2.   조   전화번호: _____

3.   알렉스   전화번호: _____

4.   전화번호: _____

5.   전화번호: _____

스스로 대처하고, 위로하고, 관심을 돌리기 위해 할 것

1. 피아노 치기

2. 편안한 음악 듣기

3. 운동 가기

4. 거품목욕

5. 재미있는 영화 보기

하지 않을 것

1. 종일 소파에 붙어 있는 것

2. 정크 푸드 계속 먹는 것

3. 안 씻는 것

다른 사람들이 나에게 해줄 수 있는 것

1. 내 얘기 잘 들어주기

2. 내가 괜찮은지 전화 걸어주기

3. 함께 할 일 계획 세우기

서명 (환자): _____   날짜: _____

서명 (의사): _____   날짜: _____

|표 7-2-1| 재발방지 실행계획 작성 양식

나의 기저선

당신의 기저선과 그것을 유지하기 위해 필요한 것을 서술하십시오.

나는 기분이 좋을 때,

나는 잘 지내려면 매일,

나의 유발요인

증상을 악화할 수 있는 사건이나 상황들을 서술하십시오.

나의 위험징후

삽화의 전조일 수 있는 개인적인 징후,
사고, 감정, 행동, 생활, 자기돌봄에서 나타나는 뚜렷한 변화들을 서술하십시오.

서명 (환자): _____ 날짜: _____

서명 (의사): _____ 날짜: _____

| 표 7-2-2 | 재발방지 실행계획 작성 양식

위험징후를 알아채면 가장 먼저 할 일

☐ 빨리 담당의사(들)에게 연락한다.

정신건강의학과 _____ 전화번호: _____

상담사/치료사 _____ 전화번호: _____

그 외 _____ 전화번호: _____

☐ 신체적 문제가 있으면 치료한다.

☐ 그럴 기분이 아닐 때에도, 자기관리를 하고 일상생활을 한다.

☐ 잠을 충분히 자고 균형 잡힌 식사(영양섭취)를 한다.

☐ 처방에 따라 약을 먹는다. 최근에 약물 변화가 있었는지 살핀다.

☐ 술이나 마약을 절대 하지 않는다.

☐ 기타

나를 지지해줄 사람들의 연락처 (친구, 가족)

1. _____ 전화번호: _____

2. _____ 전화번호: _____

3. _____ 전화번호: _____

4. _____ 전화번호: _____

5. _____ 전화번호: _____

스스로 대처하고, 위로하고, 관심을 돌리기 위해 할 것

하지 않을 것

다른 사람들이 나에게 해줄 수 있는 것

서명 (환자): _____ 날짜: _____

서명 (의사): _____ 날짜: _____

유발요인

유발요인^{trigger}이란 당신에게 고통을 주고 더 많은 우울 증상으로 이어질 수 있는 사건이나 상황들을 말한다. 살면서 어떤 상황들이 당신에게 우울 삽화를 일으킬 가능성이 있음을 이해하는 것은 중요하다. 유발요인은 사람마다 다를 수 있으므로 일상생활 속에서 그것들을 의식하며 지내다가 당신이 가장 먼저 알아차리는 사람이 되어야 한다.

유발요인은 다음과 같은 것들이 될 수 있다.

- 좋든 나쁘든, 외적인 사건

- 급작스러운 삶의 변화, 예를 들어 상실(가까운 사람, 직업, 가정 등)

- 관계 변화, 또는 새로운 관계

- 익숙한 패턴에서 벗어나는 생활방식의 변화(수면, 식사, 활동의 변화), 명절이나 휴가 포함

- 신체적 질병

- 약물 변화

- 기념일

- 충격적인 뉴스나 사건

- 좋은 소식

- 스트레스

- 압박감

- 거절이나 비판(실제로든 느낌이든)

- 수치심이나 죄책감

- 너무 많은, 또는 원하지 않는 책임, 의무나 할 일
- 계절 변화

어떤 사건들이 유발요인인지 파악하고 나면, 치료사와 함께 그것들이 미칠 영향을 최소화하고 상황을 개선하기 위해 취할 수 있는 조치들을 생각해낼 수 있다. 유발요인을 변화시키기는 어렵지만, 그에 대한 당신의 반응을 바꿀 수는 있다. 실행계획 안에 당신의 유발요인과 이런 조치들을 적는다.

나에게 증상을 유발하는 것들은,

_____

_____

_____

_____

_____

위험징후

위험징후warning sign는 우울증이나 조증 삽화에 앞서 나타나고 기저선에서 뚜렷이 벗어나는 변화를 뜻한다. 사람마다 특징적인 위험징후 양상이 있다. 자신의 위험징후를 빨리 알아차리면 삽화의 진행 과정에 개입하고 수정(변화나 개선)할 수 있는 기회가 생긴다.

위험징후는 아래 제시한 영역에서 (당신이나 남들이) 알아차릴 수 있는 변화로 나타난다.

- 생각
- 감정
- 행동
- 생활방식
- 자기돌봄

기저선에서 벗어나는 변화의 몇 가지 예시를 살펴보면 다음과 같다.

- 부정적인 사고의 증가
- 의사결정, 집중, 문제해결 능력 저하
- 절망감, 무가치감, 슬픔, 짜증, 흥분, 불안, 피로감 증가
- 활력이나 흥미상실, 식욕상실, 너무 많거나 너무 적은 수면
- 기상, 출근, 쇼핑, 집안일, 가정 내 역할 수행이 어려움
- 식사준비, 식사(너무 많거나 너무 적음), 좋은 수면위생 유지 · 세탁 · 개인적 책임 수행이 어려움

위험징후를 파악한 뒤에는 치료사와 함께 우울증이나 조증 삽화를 최소화하거나 예방하기 위해 취할 수 있는 조치들을 결정한다. 실행계획 안에 이런 조치들을 적는다.

나에게 위험징후가 되는 것은,

_____

_____

_____

  · _____

_____

자살 충동이 들면 어떻게 해야 할까?

우울증을 겪는 사람들이 외롭고, 절망하고, 무가치하다고 느끼며, 왜곡되고, 혼란스러우며, 부정적인 생각을 갖는 일은 아주 흔하다. 이 때문에 때때로 짐이 되지 않고, 자신이 사라져버리는 편이 다른 사람들에게 더 낫지 않을까 생각하게 된다. 당신은 더 이상 존재하기를 원하지 않을 수도 있다. 또는 구체적인 자살사고를, 죽을 계획까지 세워놓았을 수도 있다.

자살에 대한 생각이 아주 생생하고 시급해 보일 수도 있지만, 그것들을 믿거나 행동에 옮겨서는 안 된다. 자살사고 suicidal thought는 다스리기 힘든 생각일 뿐 사실이 아니고, 잠시만 지속될 뿐이다. 강한 충동이 들더라도 결국은 변하고 사라질 것이다.

자살사고와 행동은 깊은 정서적 고통이 그 고통을 다룰 수 있는 능력을 넘어설 때 일어난다. 순간적인 혼란과 고통 속에서 뇌의 이성적인 영역이 이 왜곡된 생각들을 인지행동치료와 기분과 사고 관찰 훈련(8장 〈인지행동치료〉에서 자세히 설명)으로 바꿀(또는 재구조화할) 만큼 힘을 미치지 못하는 경우도 많다. 고통에 대한 해결 방법이 부족한 것이 아니다. 그저 지금은 이 해결 방법을 볼 수가 없는 것이다.

그렇다면 어떻게 해야 할까? 첫째, 지금 당신의 생각을 조종하는 것이 우울증이라는 점을 인식하도록 노력한다. 건강한 기저선 상태에서라면 자살을 원하지 않을 것이다. 지금 이 순간 당신이 느끼는 것이 내일 또는 다음 주에 당신이 느낄 것과 같지 않다. 그러나 이것을 자살 충동이 일어나는 그 순간에 인식하기란 거의 불가능하다. 그러니 이 순간을 이겨낼 수 있도록 도와줄 누군가에게 연락해야 한다.

둘째, 자살사고는 대개 잠시 지속되며 영원하지 않다. 감정은 고정된 것이 아니다. 감정은 끊임없이 변하고, 익숙한 그것으로 돌아가는 것처럼 보일지라도 그렇다. 이것은 시간이 흐르면 그것이 지나갈 것이라는 뜻이다. 나는 이것을 경험을 통해 알고 있다.

일시적으로 혼란스러워진 마음이 다시 문제를 해결할 수 있을 때까지, 일단 이 시간을 안전하게 지나가는 것이 목표이다. 목표를 이루기 위해 필요한 것은 무엇이든 한다. 당신에게 버티고 싶은 마음을 불러일으켜줄 소중한 사람들과 개인적 이유들을 아무리 사소한 것이라도, 모두 불러 모은다. 긴박한 순간이 지나고 나면, 당신을 이 지점까지 떠밀고 온 문제들에 대해 작업해볼 시간이 생길 것이다.

자살은 기분장애로 인한 사고의 혼란이 불러오는 비극적인 결과다. 그것은 대개 문제가 생긴 사람이 자신의 매우 고통스러운 상황을 바꾸기 위한 방법을 떠올리지 못할 때 벌이는 충동적인 행동으로 생각된다. 자살충동을 느끼거나 자신을 해칠 위험 속에 있을 때에는 전화기를 들고 다음 방법들 중 한 곳으로 전화하라.

- 믿을 수 있는 가족이나 친한 친구
- 담당 치료사나 정신과 의사, 주치의, 또는 학교 상담교사
- 자살예방상담전화: 1393
- 보건복지 상담센터: 129
- 청소년전화: 1388
- 한국생명의전화: 1588-9191
- 한국자살예방협회 사이버 상담실 (www.suicideprevention.or.kr)
- 블루터치 온라인 상담 (www.suicide.or.kr) / 핫라인: 1577-0199

기다리기 어렵다면 119에 전화하거나 가까운 응급실을 방문한다. 누군가에게 연락하는 것에 더해 아래의 핵심적인 조치들을 취한다.

- 지금은 아무 일도 하지 않을 것이라고 약속한다.
- 마약과 술을 피한다.
- 안전계획, 예를 들어 재발방지 실행계획을 따른다.
- 당신을 사랑하고 당신이 없으면 슬픔과 괴로움을 느낄 사람들을 떠올린다.
- 혼자 있지 않는다.

자살사고나 충동은 병원에 입원해야 한다는 뜻일 때도 있다. 괜찮다. 처음

에는 무서울 수 있지만, 병원의 의료진들은 이것을 이겨내도록 도와주기 위해 있는 사람들이라고 자신을 설득하자. 병원에 가게 되면 정신건강 전문가들이 당신을 평가하고 돌보아주는 안전한 장소에 있다는 것에 만족할 것이다. 의료진은 치료계획, 또는 당신의 현재 계획에 수정사항을 알려줄 것이다. 당신도 여전히 치료 선택에 영향력을 미칠 수 있다. 곧 긴박한 상황이 지날 것이고, 다시 원래의 자신처럼 느끼기 시작할 것이다.

Chapter 08

사고방식과 감정이
바뀌면 행동도 달라진다

• 인지행동치료 •

◆
◆

"'희망'이 있는 이유는 …
당신이 스스로를 보는 것과는 다른 방식으로
우리가 당신을 보기 때문이고,
만약 우리가 보는 것처럼 당신도 자기 자신을 보게 된다면,
삶이 달라질 수 있음을 믿고 희망할 수 있게 될 것이기 때문이다.
– 조너선 E. 앨퍼트

정신과 의사인 조너선 E. 앨퍼트가 이 말을 해주었을 때 나는 삶에 희망이 없다는 생각으로 굉장한 고통을 겪고 있었다. 나는 우울한 렌즈를 통해 바라보고 있었고 그의 방식대로는 세상을 볼 수 없었는데, 이것은 우울증에서 흔한 문제. 그는 나를 다르게 보았기 때문에 우울할 때의 나로서는 상상할 수 없던 내 삶과 희망의 가능성을 보았다. 나는 나를 이렇게 보아주는 그의 눈과 다른 이들의 눈을 통해 나를 보고, 그들의 관점을 통해 나의 잠재력을 보는 법을 배웠다.

사고, 감정, 행동의 관계

우리의 사고와 감정, 행동(행위)들은 긴밀하게 연결되어 있다. 이것들은 각기 서로 영향을 주고받는다. 예를 들어 어떤 생각은 당신에게 슬픈 감정을 불러올 수 있다. 그리고 이것이 당신의 행동에 영향을 미쳐서 울고 위축되게 만들 수 있다. 그러면 더 큰 슬픔을 느낀다. 또 어떤 생각은 당신을 불안하게 만들 수 있고, 그 결과 초조한 행동이 나타난다.

인지행동치료(CBT)는 사고, 감정, 행동 사이의 이러한 관계를 들여다보는 일종의 상담치료(심리치료)다. 인지행동치료에서는 왜곡 가능성이 있는 사고 방식, 부정확한 신념, 문제적인 행동을 알아차리고 변화시키는 법을 배운다. 인지행동치료는 자신의 생각을 들여다보고 자신이 생각하는 방식이 합리적인지 비합리적인지를 판단하도록 도와준다. 자신의 부정적인 생각들을 지켜보고 의문을 제기해 더 현실적인 생각으로 바꾸고, 사고와 감정, 행동 간의 연관관계를 인식하는 법을 배운다.

인지행동치료는 우울증에 특히 유용하다. 인지행동치료를 통해 부정적인 생각과 감정을 더 알아차리고 대응하게 되면, 재발이나 재현을 피할 수도 있다.

세상에 대한 사고가 감정에 미치는 영향

우리는 종종 개인적 믿음, 과거 경험, 상황에 대한 개인적 이해를 바탕으로 사건을 해석한다. 주변에서 일어난 일을 정확하게 이해하고 해석한다면, 정상범위의 감정들이 나타나고 별다른 문제를 일으키지 않을 것이다. 그러나 사건에 대한 생각이나 해석이 어떻게든 부정확하거나 왜곡되어 있다면, 당신이 경험하는 감정이 고통을 일으킬지 모른다. 바로 이것이 우울증에서 일어난다. 이러한 왜곡된 사고와 해석을 인지행동치료를 통해 비판적으로 검토하면 당신이 느끼는 방식을 개선할 수 있다.

- 사람들은 세상을 사건의 연속으로 경험한다. 이 사건들은 긍정적이거나 부정적, 또는 중립적이다.
- 당신은 마음속으로 이 사건들을 처리하고 해석해서 그에 관한 생각을 형성한다. 해석은 종종 개인적 믿음과 과거 경험에 따라 달라진다.
- 생각이 사건에 의미를 부여하고 사건에 관한 감정들을 만들어낸다.
- 감정은 사건에 대한 생각과 해석에 따라 나타난다. 생각과 감정은 사실과 다르다.

사고 왜곡이란 무엇인가?

사고 왜곡thought distortions이란, 사건에 대한 해석을 다른 방식들로 비트는 사고에서의 오류를 말한다(다음 항목에 그 예가 있다). 많은 요인들이 사건에 대한 생각과 해석을 덜 정확하게 만들어서 사고 왜곡으로 이끌 수 있다. 예를 들어 다음과 같은 것들이 당신의 사고에 영향을 미칠 수 있다.

- 수면 부족
- 부족하거나 불균형한 식사
- 약물남용
- 과거 경험
- 자신과 세상에 대한 생각(자신의 가치에 대한 감각)
- 기분(우울이나 불안 등)

우울증에서의 사고 왜곡

우울증이 있는 사람들은 자신의 경험과 존재, 미래를 부정적으로 보는 경우가 많다. 부정적인 사건들은 대개 과장되어 사고를 지배한다. 마음이 우울해지면 부정적인 방향으로 해석하고 비트는 경향이 생겨서 부정적인 생각을 만들어낸다. 일부러 그러는 것이 아니라, 자동적으로 이런 생각들이 생겨난다.

우울해지면 편향되거나 왜곡된 사고를 더 쉽게 믿는다. 그것들이 현실을 정확하게 반영하지 않을 때에도 그렇다. 그런 생각들을 지지하는 증거는 거의, 또는 전혀 없을 때가 많고, 생각은 종종 극단적으로 흐른다. 그러나 우울증에 빠져 있을 때에는 이런 해석들이 진실하고 설득력 있게 느껴진다.

'자동적인 부정적 사고'의 예를 보자.

- "나는 실패했다."

- "나는 제대로 하는 게 없다."

- "아무것도 달라지지 않을 것이다."

이런 예들은 옳지 않은 과도한 일반화다. 각각은 우울증적 진술이다. 이런 생각들에서 왜곡을 걷어내고 더 정확하게 바라보게 되면, 왜곡된 사고를 더 정확한 대안적 사고로 대체할 수 있다. 예를 들어,

- "나는 완벽하지 않지만, 어떤 것들은 잘 해낸다."

- "내 삶의 몇 가지는 나아질 것이다."

따라서 당신이 우울하다면, 당신의 사고가 어떤 점에서든 왜곡되지 않았는지 살펴보는 것이 중요하다. 이것을 하려면 상황에 대한 사실을 주의 깊게 파악하고 부정확한 해석을 비판적으로 검토해야 한다. 왜곡된 사고를 정확한 것으로 바꾸면, 괴로운 감정도 결국 더 현실적인 감정으로 바뀔 것이다.

쉬운 일은 아니고, 특히 그럴듯해 보이지만 왜곡된 렌즈를 통해 세상을 바라보는 우울 삽화 중에는 더욱 어렵다. 당신의 생각이 너무나 설득력이 있어 보여서 부정확한 면을 찾아내기 힘들지도 모른다. 〈상자 8-1〉에 사고 왜곡의 여러 종류들을 알아차리고 그것들에 의문을 제기하는 방법이 나와 있다.

인지행동치료는 우울증에 따르는 부정적이고 왜곡된 사고들을 비판하고 대체하는 일련의 훈련들을 사용한다. 아래 제시한 인지행동치료의 기분과 사

사고 왜곡, 또는 인지 왜곡은 우울증에서 흔히 나타난다. 어떤 사건에 대한 개인의 지각 또는 해석은 여러 다양한 방식으로 왜곡되거나, 비틀리거나, 부정확할 수 있다.

- **거르기:** 상황의 부정적인 면에만 집중하고 과장하며 긍정적인 측면들은 모두 무시한다(거른다). 생각을 거를 때 긍정적인 경험들을 거부하거나 최소화하고 '의미가 없다'고 주장하는 경우가 많다. 부정적인 것에만 집착해서 현실 인식이 왜곡된다.

- **양극화된 사고, 또는 흑백논리:** 모든 일을 한 극단이나 반대 극단으로, 흑백논리, 선악, 양자택일의 문제로 생각한다. 예를 들어 자신이 해낸 무언가가 완벽하지 않으면, 자신을 '완전한' 실패자로, 최악으로 본다.

- **과잉 일반화:** 하나의 사건이나 단편적인 증거만으로 일반화된 결론을 내린다. 과잉 일반화에서는 하나의 부정적 사건을 영구적인 것으로 보고 '항상'이나 '절대'라는 단어를 자주 쓴다. 나쁜 일이 일어나면, 또 일어나리라 생각한다.

- **포괄적 낙인:** 한두 가지 특징을 일반화해서 전반적(포괄적)으로 부정적 판단을 내리고 낙인을 찍는다. 과잉 일반화의 극단적인 형태다. 덜 완벽한 행동 하나로 자신을 '실패자'로 규정하는 것이 하나의 예다.

- **성급한 결론:** 결론을 지지하는 근거가 없어도 즉각 부정적인 방식으로 해석한다.

- **마음 읽기:** 다른 이들이 느끼는 것, 어떤 행동의 이유, 당신에 대한 생각을 그들에게 직접 듣지 않고도 '안다'고 결론을 내린다.

- **예언:** 특별한 증거가 없는데도 미래의 일이 어떻게 될지 '안다'고 믿는다.

- **최악 상정:** 최악, 재앙을 상정한다. 이 사고방식에는 주로 '만약에'라는 가정이 들어간다.

- **최소화:** 자신이나 자신의 행동에서 긍정적인 측면을 무시하고, '의미가 없다'고 주장한다.

- **개인화:** 사람들의 말이나 행동을 모두 자신에 대한 개인적 반응으로 생각하거나 자기가 통제할 수 없는 사건들에 대해서도 자신에게 전적인 책임이 있다고 비난한다.

- **비난:** 고통스러울 때 남들을 탓하거나, 반대로 모든 문제가 자신 때문이라고 비난한다.

- **감정적 추리:** 자신의 감정은 무조건 당연히 진실일 수밖에 없고, 부정적인 감정은 실제 상황을 나타낸다고 믿는다. 예를 들어서, 자신이 바보 같다고 느끼면, 자신은 바보임에 틀림없다.

- **정당성:** 끊임없이 시험하고 방어하며, 자신의 감정, 의견, 행동이 옳음을 증명하려고 한다. 틀리는 것은 용납할 수 없다. 이런 방식으로 생각하면, 자신이 옳음을 증명하기 위해 무엇이든 할 것이다.

- **보상 오류:** 모든 희생과 자제에 보상이 뒤따르리라 생각하면서, 그렇지 않으면 괴로워하고 억울해한다.

출처: David Burns, *Feeling Good: The New Mood Therapy* (New York: Avon, 1980), table 3.1, pp. 42~43에서 수정.

고 관찰 훈련은 고통스러운 감정들을 뒷받침하는 사고 과정의 자동적 왜곡을 알아차리는 데 효과적인 도구이다. 이 훈련을 연습하면 왜곡된 사고를 더 정확하고 현실적인 시각으로 바꾸기가 용이해질 것이다. 이에 따라 고통의 정도도 줄어들 것이다. 이 훈련을 당장 하기가 힘들다면, 당신이 지금 우울하며 당신의 생각이 정확하지 않을 수도 있다는 점부터 떠올려본다.

사고와 감정이 행동에도 영향을 미친다

살면서 일어난 일들에 대한 해석이 감정을 불러일으키고, 이 감정들에 대한 반응으로, 특정한 방식으로 행동하려는 욕구가 생긴다. 예를 들어 슬프고 비참한 기분이 들면, 화를 내거나 계속 누워있거나, 울거나, 과음을 하는 행동 중 하나를 선택할 수 있다. 감정을 어느 정도 표현하는 것은 괜찮지만, 이런 행동들은 극단적으로 부정적이고 건강하지 못하다.

당신에게 감정에 따라 행동할 수 있는 능력이 있듯이, 그 감정들에 어떻게 반응하고 대응할 것인지를 스스로 선택함으로써 감정을 어느 정도 통제할 수도 있다. 감정에 대한 반응으로 내린 행동과 결정이 특정한 감정을 늘리거나 줄일 수 있다. 강렬한 감정에 대한 반응을 수정하는 방법을 배우면 고통의 강도가 줄어들 것이다. 예를 들어 골치 아픈 상황에 대해서 과도하게 '분노'하거나 통제력을 잃은 느낌을 받는 대신에, 슬픔이나 적당한 화만 느낄 수도 있다. 치료사와 함께 이 기술을 배우고 연습한다.

해야 한다 진술

'해야 한다 진술'은 "해야 한다"로 끝나는 문장을 말하는 것이다. 이것은 당신이나 타인들이 어떻게 행동하고, 생각하고, 느껴야 하는지를 정하는 완고한 규칙들을 보여준다. 이 진술들은 그저 바람 정도인 것도 의무적이고 경직된 규범, 도덕적 명령으로 바꾼다. 이것을 그대로 적용하면, 그 완벽에 대한 기준을 절대로 맞출 수가 없어 죄책감, 좌절감, 분노를 느끼고야 만다.

예를 들어, "나는 ＿＿＿＿＿＿＿＿ 해야 했다"는 절대로 도달할 수 없는 상황을 담고 있다. 당신에게 있으나 다른 이들은 동의하지 않을 '반드시', '마땅히', '꼭'의 기준들을 인식하자. 해야 한다 진술의 대응법은 다음과 같다.

1. 당신이 도달할 수 없는 기준들을 인식한다.
2. 이 진술들은 의무적인 규칙이 아니라 바람일 뿐이라는 점을 인식한다.
3. "해야 한다"를 "하고 싶다" 또는 "하면 좋겠다"는 생각으로 바꾼다.
4. 자신이 해야 한다 진술을 쓰고 있는 걸 발견했다면 곧바로 이 훈련을 연습한다.

자신의 사고를 검토하고 수정하기

기분과 사고 관찰 훈련

기분과 사고 관찰 훈련은 인지행동치료의 도구로서 우울증에 동반되는 부

정적인 사고와 감정들을 관리하고 수정하기 위해 사용한다. 이 훈련에서는,

- 당신을 괴롭게 만든 특정한 상황을 살펴보고,
- 그런 괴로움의 감정을 북돋는 사고 속의 왜곡을 알아내고,
- 그 부정적이고 왜곡된 사고들을 비판적으로 검토하고,
- 그것들을 더 정확한 관점으로 대체한다.

이 과정을 '인지적 재구조화cognitive restructuring'라고 부르는데, 우울증을 앓는 사람들의 현재 고통 수준을 개선해주는 것으로 나타났다. 기분과 사고 관찰 훈련은 치료사나 의료진과 함께 사용할 수 있는 효과적인 도구다. 이 기법은 원래 아론 T. 벡이 '일일 역기능적 사고 기록Daily Record of Dysfunctional Thoughts'이라는 이름으로 제시한 것이다. 또 데이비드 번스도 『필링 굿Feeling Good』에서 자세히 설명했다. 이 훈련은 지금까지 임상 현장에서 널리 쓰이고 많은 이들이 수정하여 사용하고 있다. 〈상자 8-2〉에 자신의 생각을 검토하고 그에 따라 기분을 나아지게 만들 수 있는 추가적인 방법들을 제시했다(205쪽).

기분과 사고 관찰 훈련의 목적

자기평가
- 자신의 사고, 감정, 느낌, 반응, 해석에 대한 인식 개선
- 사고, 감정, 행위(행동) 간의 관련성과 상호작용 이해

- 어떤 사건들이 현재 감정을 이끌어냈는지 이해

문제적 사고 수정

- 자동적으로 일어나고 나쁜 감정들을 지지하는 사고(자동적 부정적 사고)를 파악하고, 그
  것들을 상황에 대한 더 정확한 관점으로 대체.
- 자신과 상황을 다르게 생각하고, 더 잘 인식하고, 객관성을 획득하기 위한 방법 파악.
  사고의 오류 교정.

기분과 사고 관찰 훈련의 사용법

최근의 개인적 경험 중에서 생각해볼 것을 골라보자. 〈표 8-1〉로 제시한 기분과 사고 관찰 훈련 양식에서 위에서 아래로 다섯 항목을 채운다(202~203쪽). 그리고 그 경험에 대한 당신의 생각과 감정을 돌아본다. 이것은 쉬운 일이 아니고, 지금 생각하고 있는 감정들을 다시 불러일으킬 수도 있다. 완성한 관찰 기록양식을 치료사와 함께 검토한다. 이 훈련을 꾸준히 하면 전반적인 감정 상태는 물론 특히 각 경험과 연관된 감정들이 달라질 것이다. 이로써 결국은 기분이 나아지게 된다.

기분과 사고 관찰 훈련표에 아래 다섯 가지 단계에 대한 응답을 작성한다.

- **상황:** 최근에 상황이나 사건 중에서 괴로운 감정을 유발했고 하나 이상의 자동적인 부정적 사고와 연관된 것을 고른다.

- **감정:** 그 상황과 연관된 감정(슬픔, 불안, 두려움 등)을 알아본다.

- **자동적 사고:** 그 상황에서 떠오른 자동적인 부정적 사고를 파악한다.

- **대안적 반응:** 사고 속의 왜곡을 파악한다(193쪽의 왜곡된 사고의 종류 참고). 왜곡되고 부정확한 사고를 현실적인 대안적 사고(합리적 반응이라고 부른다)로 대체한다. 대안적 사고는 반드시 그 상황에 대해 공정하고 더 정확한 관점으로 선택해야 한다. 현실적이고, 솔직하며, 신뢰할 만해야 하고, 당신이 경험 중인 감정을 설명할 수 있어야 한다.

- **합리적 반응 뒤의 감정:** 사고를 더 정확하고 현실적인 관점으로 대체한 뒤에 감정의 종류나 강도의 변화를 알아본다.

기분과 사고 관찰 훈련에 대한 응답 예시

- **상황:** 존이 다시 전화를 하겠다고 말하고는 하지 않았다.

- **감정:** 슬픔, 분노, 거절. – 100퍼센트 강도.

- **자동적 사고:** 존은 나를 싫어한다. 나에게 화가 났다. 모두 날 싫어한다. 난 실패했다. 내가 무언가 잘못했다. 나는 별로 중요한 사람이 아니다.

- **그 사고들 안의 왜곡:** 극단적 사고, 과잉 일반화, 마음 읽기, 최악 상정.

- **대안적 반응:** 존은 내 오래된 친구이고, 날 싫어한다고 생각할 만한 까닭이 없다. 내가 아는 한 나에게 화가 났다고 여길 이유가 없다. 어떤 사람들은 나를 좋아한다. 나는 어떤 일들은 제대로 한다. 내가 존에게 무언가 잘못했다고 생각할 이유가 없다. 그냥 바쁘거나 외출 중인지도 모른다. 아프거나 깜빡했을지도 모른다.

- **합리적 반응 뒤의 감정:** 슬픔 10퍼센트, 분노 20퍼센트, 거절당함 10퍼센트 강도.

재구조화한 대안적 사고가 원래 감정의 강도를 100퍼센트에서 10~20퍼센트로 낮춘 것에 주목하자.

지지 증거와 반대 증거

어떤 사건에 대한 생각이나 믿음, 해석에 문제가 있다면 그 생각을 지지 또는 반대하는 증거를 조사해보는 것이 종종 도움이 된다. 〈표 8-2〉를 사용해 증거를 모아보면, 부정확한 가정에 근거를 둔 생각들을 파악하고 수정하는 데 도움이 될 것이다.

- 1단계: 부정적이거나 마음에 들지 않는 믿음이나 생각을 파악한다.
- 2단계: 그 생각에 지지 또는 반대하는 증거를 모은다.
  - 그 생각의 정확성을 확인하기 위해서 구체적인 증거를 모은다.
  - 당신을 잘 아는 사람들에게 그 생각에 대해 현실적이고 솔직한 의견을 물어본다.
  - 부정적인 신념에 반하는 경험을 찾아본다. 즉, 나가서 부정적인 신념에 반대되는 증거가 있는지 먼저 찾아보라는 뜻이다.
- 3단계: 증거 목록을 현실성 있게 살펴보고 증거가 어떤 방향을 가리키는지 확인한다.

당신의 신념이 본질적으로 참인지 그저 주변상황 때문에 내면화된 내용인지 스스로 질문해본다. 만약 그것이 사실이라고 생각된다면 무엇을 바꿀 수 있는지 자문해본다. 이 훈련을 어떻게 할 수 있는지 아래 예시를 보자. 다음과 같은 생각이 떠오를 때를 상상해본다.

'나는 사람들과 어울리고 친해지는 데 소질이 없다'

2단계에서는 최근과 과거에 다른 사람과 좋은 관계를 맺던 시간을 떠올려볼 것이다. 그 경험들을 〈표 8-2〉의 '반대 증거' 칸에 쓴다. 예를 들면, "사진 강의를 들을 때 새 친구 제프를 만났다". 그리고 '지지 증거'로 생각되는 구체적인 예시를 가운데 열에 적는다. 이 활동에 어려움이 있다면, 의견을 신뢰할 수 있는 사람, 예를 들어 친지에게 도와달라고 부탁한다. 그 다음, 현실세계에 나가서 당신의 신념을 시험해본다. — 어떤 일에 참석해서, 다른 사람과 관계를 맺을 수 있거나 없는 횟수를 적는다.

3단계에서는 앉아서 당신이 적은 답을 보고 각 열에 모아둔 증거들을 꼼꼼히 따져본다. 어떤 게 사실이고 어떤 생각이 성장과정이나 주변환경을 통해 내면화된 이야기인지 스스로 질문해본다. 사실로 생각되는 증거가 있는 생각을 발견하면, 삶 속에서 무엇을 바꿀 수 있는지 질문한다.

또 다른 유용한 훈련은 특정한 생각이 어디에서 왔는지, 그 기원을 이해하려 시도하는 것이다. 아마 당신을 괴롭히는 어떤 생각은 아동기나 청소년기에 시작되었으나 현재 삶에는 이제 적용되지 않는 유쾌하지 않은 경험에서 시작되었을 것이다. 부모나 교사, 친구가 말하거나 행한 무엇인가가 지금까지 당신을 괴롭히고 있을지 모른다. 때로는 이런 생각들이 오랜 기간 들러붙어서 계속 떠오르며 괴롭게 만든다. 더 이상 적용되지 않는 과거의 생각에 반응하느라 시간을 허비하는 것은 현재의 삶에 도움이 되지 않는다. 〈표 8-3〉

에 이런 상황에 놓여있는지 알아볼 수 있는 방법이 나와 있다.

취미와 성취

한 주의 일정 속에 즐거움과 성취감을 위한 활동을 포함한다. 그럴 기분이 아니거나 당신이 누릴 자격이 없다 싶을 때에도 마찬가지다. 삶에서 부정적 경험을 없애는 것만으로는 충분하지 않다. 긍정적이고 즐거운 경험도 필요하다. 취미활동은 우울증상이 악화될 가능성을 줄이는 데 도움이 될 것이다. 〈표 8-4〉는 취미활동의 예시 목록이다. 이것들은 자신을 관리하는 한 방식이고, 재발방지 계획의 일부이다.

당신이 좋아하거나 좋아하던 취미활동의 목록을 만든다. 이 중 몇 가지를 꾸준히 하기로 정하고, 일정에 추가한다(표 8-5). 다음으로 도전해보고 싶은 활동, 유능감과 효율감을 주는 활동의 목록을 적는다. 그것들은 하기 약간 어려워야 한다(한계를 극복하거나 새로운 기술을 배우는 것 등). 이를 '성취 활동'이라고 부른다. 이 중 몇 가지를 꾸준히 하기로 정하고 일정에 추가한다. 한 예로 달리기 시간 단축, 새로운 언어 배우기, 새로운 컴퓨터 프로그램 습득하기, 어떤 것에 대한 두려움을 작은 단계들을 통해 극복하기 등이 있다.

|표8-1| 기분과 사고 관찰 훈련
이 양식을 이용해서 불쾌한 감정이나 고통을 느낄 때의 기분을 관찰한다. 괴로운 감정을 지지하거나 강화하는 사고들을 파악하고 그 상황에 대해 더 정확한 관점을 계발하도록 돕는 것이 목적이다. 완성된 양식을 치료사나 의료진과 함께 검토한다.	

상황	불쾌한 감정이나 고통을 유발한 사건이나 생각, 기억을 묘사한다.
감정	현재의 감정을 기록하고 그 강도를 0에서 100으로 평가한다(예: 불안, 분노, 슬픔, 죄책감, 수치심)

자동적 사고	현재 감정을 강화하는 연관된 생각들을 기록한다.
대안적 (이성적) 반응	사고 속의 왜곡을 파악한다. 왜곡된 사고 대신 상황을 공정하고 더 정확하게 보는 방식으로 다시 쓴다.
합리적 반응 뒤의 감정	다시 감정을 기록하고 그 강도를 0에서 100으로 재평가한다.

출처: Aaron T. Beck, A. John Rush, Brian F. Shaw, and Gary Emery, *Cognitive Therapy of Depression* (New York: Guilford Press, 1979), p403에서 수정.

|표8-2| 지지 증거와 반대 증거		
믿음 또는 생각	지지 증거	반대 증거

|상자8-2| 자신의 사고를 의심하고 변화시키기 위한 추가 방법들

- 사고의 왜곡을 파악한다. 193쪽에 나온 왜곡된 사고의 종류에 대한 설명을 참고한다.

- 인지행동치료 '기분과 사고 관찰 훈련'을 이용해서 감정적 고통과 연관된 상황을 평가한다. 사건에 관한 왜곡된 생각을 더 현실적인 생각이나 해석으로 대체한다.

- 사건에 대한 부정적인 생각, 믿음, 해석에 대한 지지증거와 반대증거를 검토한다.
  - 증거를 모은다.
    - ⋯ 자기 생각의 정확성을 확인하기 위해 직접 '실험'하고 증거를 모은다.
    - ⋯ 자신을 잘 아는 사람들에게 현실적이고 솔직한 의견을 물어본다.
    - ⋯ 부정적인 믿음에 반대되는 경험을 찾는다.
  - 자신의 믿음이 본질적으로 참인지 주변환경 때문에 내면화된 내용인지 질문한다.
  - 만약 참이라면, 당신은 그것을 바꾸기 위해 어떤 힘을 쓸 수 있는가?

- 어떤 생각이나 믿음, 결정, 행동의 장단점을 살펴본다.

- 어떤 생각이나 믿음 때문에 마음이 불편하다면, 그 생각과 반응이 과거의 일과 연관이 있지 않은지 살펴본다. 자신에게 질문해보자.
  - 이 생각이 어디에서 왔는가?
  - 이것이 지금, 현재 상황에도 적용되는가?

- 의견이나 해석을 사실과 구분한다. 해석은 상황을 부정적으로 왜곡하기 쉽다.

- 판단이나 해석을 피한다. 느낌과 해석은 사실과는 다르다.
  - 사실을 근거로 삼는다. '이것이 해석일까, 아니면 사실일까'를 자문한다.

- '해야 한다' 진술을 부담이 덜한 언어, '하면 좋겠다'와 같이 바꾼다.

- 특정 문제에 대해 완전한 책임과 비난을 던지기보다는 자신의 통제범위 밖에서 영향을 미쳤을지 모르는 다른 요인들을 고려한다.

- 자신에 대해 생각할 때 타인에게 할 때만큼 자비심을 갖는다.

- 흑백의 극단적인 상황으로 생각하지 말고 중간 지점, 또는 회색지대로 생각해본다.

|표 8-3| 사고의 기원 이해하기

우리를 괴롭히는 생각이 오래전의 상황에서 비롯된 것이라 더 이상 적용되지 않을 때에도 그 생각들은 여전히 머물러 있다. 과거의 생각에 반응하느라 시간을 보내는 것은 지금의 상황에 도움이 되지 않는다. 고통스러운 생각이나 반응이 현재 상황 때문인지 과거의 일 때문인지 질문해보자. 그것이 지금도 적용되는가? 지금 적용되지 않는다면, 그 생각은 밀쳐두자.

고통스러운 생각이나 반응	그것이 어디에서 왔는가?	그것이 지금도 적용되는가?

|표8-4| 취미활동의 예

이완relax (스스로 또는 이완요법 녹음테이프 이용)	친구들과 어울리기
스트레칭	좋아하는 가족들과 어울리기
운동	아이들과 어울리기
산책	자원봉사
날씨 감상	직소퍼즐
자전거	스도쿠
식물 가꾸기	십자말풀이
스포츠 참가	반려동물 돌보기
운동경기 감상	명상
음악 감상	좋아하는 프로젝트 작업
공연 관람	새로운 것 배우기
악기 연주	목표 달성
노래 부르기	여행
새로운 언어 학습	좋아하는 취미
자연풍광 감상	좋은 책이나 잡지
예술 감상	만화책
박물관 관람	파티 계획
좋은 향수나 향기 음미	파티 참가
자기관리에 투자 (거품목욕 등)	선물 주기
마사지 받기	좋거나 재미있는 영화 감상
미용실 방문	웃기
매니큐어 또는 페디큐어	쇼핑이나 윈도우쇼핑
요리	뜨개질, 자수
미식	목공예, 기타 공예
조용히 시간 보내기	이외 수많은 다른 취미들…

나를 즐겁게 하는 취미는?

출처: David Burns, *Feeling Good: The New Mood Therapy* (New York: Avon, 1980), table 3.1, pp. 42~43에서 수정.

|표 8-5| 취미와 성취 훈련

취미활동

내가 좋아하는(좋아하던) 것

성취활동

나에게 도전이 되고 유능감과 성취감을 주는 일 중 내가 좋아하는(좋아하던) 것

〈 Chapter 09 〉

고통의 순간은
지나갈 것임을 잊지 말자

· 힘든 시기를 지나는 법 ·

◆
◆

"스트레스에 대항하는 가장 큰 무기는
어떤 생각이나 행동 대신 다른 것을 선택하는 능력이다.
– 윌리엄 제임스

20세기의 저명한 미국의 심리학자이자 철학자인 윌리엄 제임스가 한 말이다. 이 말은 우리 모두에게
는 선택권이 있고, 우리가 생각하거나 행하기로 선택한 것이 우리의 삶에, 스트레스와 다른 문제들을
관리하는 능력에 영향을 미친다는 사실을 말해준다. 나는 인지행동치료 훈련을 통해 부정적인 사고나
행동을 변화시킴으로써 우울 삽화의 진행 과정을 바꿀 수 있는 것처럼 이런 선택들이 기분장애를 다
루는 능력에도 영향을 미친다고 믿는다.

이 장에서 다루는 여러 가지 삶의 기술은 힘든 시기를 지나가는 데 도움을 줄 방법들이다. 몇 가지 접근방식은 앞서 나온 이야기들에 대한 개괄로, 우울할 때 기억하고 실행하기 어려울 것에 대비해서 여기에 다시 포함했다. 이제 대처 전략과 스트레스, 마음챙김, 고통 감내에 대해 배우게 될 것이다. 또한 의사소통 기술을 살펴보고, 의사와 이야기할 때의 추천사항과 가족이나 친구들에게 제안할 만한 조언도 알아본다.

어떻게 스트레스에 대처할 것인가?

스트레스는 감정적·신체적 문제가 일어난 상태로, 까다로운 생활사건에 대한 반응으로 나타날 수 있다. 우울증을 앓고 있을 때에는 스트레스에 대처하기가 더 힘들 수 있다. 그 때문에 우울증이 더 심해지고 재발(증상의 되풀이)로 이어질 수도 있다.

스트레스는 자신의 내부에서도, 또 외부 환경에서도 올 수 있다. 스트레스의 원인과 강도는 사람마다 다를 수 있지만, 흔한 원인들도 있다.

- (긍정적이든 부정적이든) 삶에 일어난 실제 사건. 예를 들면 결혼, 이혼, 자녀 탄생, 직장, 재정 문제, 큰 상실 등
- 인간관계
- 질병
- (어떤 종류든) 변화
- 주변환경
- 과도한 책무
- 해결되지 않은 갈등
- 자신이 통제할 수 없는 상황
- 예상할 수 없는 결과를 기다릴 때의 불확실성

스트레스의 강도를 낮추고 유발 요인에 대한 취약성을 줄이기 위해 적극적으로 행동에 나설 수 있는데, 이것을 '대처coping'라고 부른다. 효율적인 대처 전략을 써서 스트레스를 관리하면, 스트레스가 우울증에 미치는 부정적인 영향력이 줄어든다. 〈상자 9-1〉에 대처 전략의 예시가 나와 있다. 대처 전략에는 스트레스가 생겼을 때 관리하는 기술뿐 아니라 그것을 예방하고 대비하는 방법도 포함된다.

1. 꾸준한 일과와 체계적인 활동을 유지한다. 여기에는 수면, 식사와 영양, 운동, 자기돌봄을 잘 관리하는 것도 포함된다.
2. 작은 일상생활의 스트레스 자극을 관리한다.
   - 책무와 활동의 우선순위를 정한다.

예로 든 이 대처 전략들 중 어느 것이 효과가 있는지 확인해보자. 당신이 선택 가능한 전략들에 익숙해질수록 스트레스 상황이나 우울증이나 조증 삽화가 발생했을 때 이 전략들을 기억해내기가 쉬워진다.

- 도움을 구한다.

- 포기하지 않는다.

- 현재 가능한 것들로 최선을 다한다.

- 중요한 것에 집중한다.

- 문제에 대한 답을 찾는다.

- 사실을 확인한다. 부정확한 가정이나 해석을 알아내고 비판적으로 검토한다.

- 선택 가능한 대책을 적는다.

- 지지 증거와 반대 증거를 검토한다.

- 대안적인 접근법, 다른 사고방식을 시도한다.

- 예측하고, 생각하고, 미리 계획한다.

- 수동적이지 않고, 적극적으로 임한다.

- 단호해진다.

- 자신의 욕구에 귀를 기울인다.

- 필요할 때에는 거절한다.

- 체계적으로 생활한다.

- 통제 가능한 것은 통제한다.

- 현실적이고 구체적인 목표를 세운다.

- 균형을 잡고 우선순위를 세운다.

- 자신의 속도를 조절한다.

- 무리하지 않는다.

- 하루의 계획을 세운다.

- 자신의 몸을 잘 돌본다(수면, 식단, 운동).

- 자신을 배려하고 존중한다.

- 현재 순간에 집중한다.

- 자기위로를 활용한다.

- 자기 자신을 인정해준다.

- 스스로 보상을 준다.

- 안전하게 지낸다.—증상을 악화시킬 수 있는 상황을 피한다.

- 자신의 행동과 결정에 뒤따를 결과들을 고려한다.

- 유발요인과 위험징후를 주의한다. 필요하면 재발방지 실행계획을 실행한다.

- 고통 감내를 개발한다(관심 돌리기, 자기위로, 순간 개선 – 221~223쪽 참고).

- 체계적으로 생활한다.

- 시간계획을 유지하되 무리한 계획을 세우지 않고, 필요하면 조정한다.

- 크거나 복잡한 과제를 더 다루기 쉬운 작은 부분들로 나눈다.

- 할 일 목록과 일정 목록을 이용한다.

- 노트에 기록한다. 건강과 관련한 궁금증과 지시사항도 적는다.

- 일주일 약통(요일별로 복용해야 할 약을 구분해 넣을 수 있는 약통 – 옮긴이)을 사용하면서 복용 상태를 확인한다.

- 우편과 청구서, 집안일을 관리하기 위해 당신의 마음에 들고 효과가 있는 방법을 고안한다.

- 과한 자극을 피한다.

- 마음을 챙기고, 이 순간에 머무른다.

3. 인지행동치료(CBT) 기법을 이용한다. 어떤 사건은 그것을 해석하는 방식에 따라 스트레스를 유발할 수 있다. 우리는 대개 개인적 신념과 과거 경험을 바탕으로 사건을 해석한다. 때로는 사건 해석에 사고의 왜곡이 개입하기도 한다. 이 왜곡된 사고와 해석을 인지행동치료를 이용해 비판적으로 검토하면 느끼고 반응하는 방식에 영향을 미쳐서 스트레스 수준을 나아지게 만들 수 있다.

- 인지행동치료 훈련을 한다(8장 〈인지행동치료〉 참고).

- 생각과 감정을 꾸준히 일기로 남긴다.

- 스트레스의 근원을 찾는다.—이를 통해 당신이 무엇을 다루고 있는지 알게 되면 그에 더 효과적으로 반응하게 될 것이다.

- 자신의 의사를 분명히 전달한다.—상황을 통제한다는 느낌을 갖는 데 도움이 된다.

- 자신의 관점을 유지한다.

4. 문제 해결 전략을 이용한다.

- 누군가(친구나 치료사)와 이야기하며 문제 해결에 도움을 구한다.

- 문제에 대해 정확한 정보를 얻고 잘 아는 상태에서 결정을 내린다.

- 상황을 현실적으로 평가하고 정의한다.

- 가능한 선택지와 대안들을 고려한다.

- 선택지의 장단점을 목록으로 적는다.

- 필요하면 추가로 도움을 구한다.

5. 관심을 돌리고 초점을 다시 맞춘다.

- 다른 생각이나 활동으로 머릿속을 채운다.—예를 들면 퍼즐, 독서, 취미, 스포츠, 원예 같은 좋아하는 다른 활동들.

- 자원봉사를 한다. 다른 사람들과 연락한다.

- 현재 감정을 다른 것으로 바꾼다(재미있거나 무서운 영화를 보거나 책을 읽는 등).

6. 이완요법을 시도한다(전문가의 도움을 받는 것이 좋다).

- 점진적 근육이완법: 신체의 각 근육들을 머리부터 발끝까지, 한번에 한 근육 부위씩 이완한다(턱에서 시작해, 목, 어깨, 팔, 손가락 등으로 넘어간다).

- 시각화: 앉아서 편안한 느낌을 받는 차분하고 고요한 이미지나 장소에 집중한다.

- 명상: 명상의 과학적 가치를 알린 하버드 의대 교수 허버트 벤슨의 책 『이완 반응 The Relaxation Response』에 시작을 위한 자세한 정보가 나와 있어 도움이 될 것이다.

- 심호흡 훈련: 조용히 앉아서 자신의 호흡에만 집중하고, 천천히 심호흡한다. 이것을 3~5분 진행한다. 생각이 벗어나면, 다시 호흡에 집중한다.

7. 유머를 활용한다. 넷플릭스 등으로 재미있는 영화를 보고, 재미있는 소설이나 만화책을 읽는다. 유머를 즐기는 것은 건강한 대처 전략이다.

8. 자기위로 전략을 이용한다. 부드럽고 친절하게, 오감을 이용해서 자신을 위로하고 돌본다.

- 시각: 꽃, 예술작품이나 다른 미적 대상들을 감상한다 / 박물관에 간다 / 자연으로 나간다 / 연극, 뮤지컬, 춤 공연을 본다
- 미각: 좋아하는 음식이나 음료를 즐긴다 / 천천히 먹고 그 경험을 음미한다
- 후각: 좋아하는 향수나 로션을 쓴다 / 꽃을 사거나 꽃밭이나 꽃집을 구경한다 / 시나몬롤이나 쿠키를 굽는다
- 촉각: 거품목욕을 한다 / 마사지를 받는다 / 편안한 옷을 입는다 / 누군가를 껴안는다
- 청각: 아름답고 위안이 되는 음악이나 자연의 소리를 듣는다 / 노래를 부른다 / 악기를 연주한다

9. 마음챙김 기법을 활용한다(아래 참고).
- 현재 순간에, 의도적으로, 판단하지 않고 집중한다.
- 한번에 하나를 하는 데에만, 지금 이 순간에만 집중한다.
- 과거를 곱씹거나 미래에 대한 걱정을 피한다.

마음챙김 훈련, 현재에 집중하라

마음챙김은 현재 순간에 집중하며 살아가는 한 방식이다. 마음챙김은 세상에 '존재하는' 한 방식으로서 동양의 명상훈련에서 따왔다. 마음챙김 훈련에서 익히는 기술들이 기분장애 관리에 도움이 된다고 알려져 있다.

존 카밧진이 설명한 것과 같이, 마음챙김이란 다음과 같은 특정한 방식으로 현재 순간에 존재하는 것을 의미한다.

주의 기울이기 / 의식적 / 비판단

'현재 순간에 존재한다' 것은 과거나 미래에 사로잡히는 대신, 현재에 집중하고 주의를 기울인다는 뜻이다. 이것은 쉬운 일이 아니다. 마음이 떠돌아다니며, 특히 과거의 사건들이나 미래의 걱정거리 같은 생각에 빠지는 일은 흔히 일어난다. 중요한 것은 생각이 흘러갈 때 알아차리고 다시 현재로 마음을 불러오는 것이다. 무언가를 하는 데 너무 깊이 몰두해서 시간을 잊어버리는 일이 현재 순간에 존재하는 예이다.

마음챙김은 당신에게 무슨 일이 일어나고 있는지 '주의 기울이기'를 요구한다. 다시 말해 그저 자동적으로 삶을 지나가는 대신 '의식하면서' 산다는 뜻이다. 주의 기울이기는 자신의 사고와 감정, 감정에 대한 신체반응(빠른 심박수나 땀이 나는 등), 욕구, 행동을 '있는 그대로' 관찰하는 것도 해당한다.

비판단^{nonjudgmental}은 자신의 생각이나 행동, 경험에 대해 그 어떤 판단도 하지 않고 매 순간을 있는 그대로 인식하는 것을 의미한다. 현재 느낌을 생각하거나 느끼게 놓아두고, 그것에 이름을 붙이거나 판단을 내리지 않는다. 이 또한 쉬운 일이 아니다. 마음 속 어딘가에서는 끊임없이 당신의 경험을 평가하고, 과거의 경험이나 혹시 모를 기대들과 비교한다. 그 대신, 마음속에 떠오르는 것을 판단하지 말고 중립적인 태도로 대할 수 있도록 노력한다.

자신의 생각을 생각으로 인식하고 흘러가게 둔다. 각각의 경험이나 감정, 생각을 그것에 반응하지 않고 그대로 느껴본다. 안개가 낀 날, 천천히 와이퍼가 움직이는 차 안에 앉아있는 자신을 상상해본다. 흘러 다니는 각각의 생각들은 앞유리에 내려앉는 잎사귀와 같다. 와이퍼가 한두 번 움직이며 그 잎(생각)을 닦아내게 두자.

왜 마음챙김을 훈련하는가?

첫째, 마음을 챙기는 삶은 자신이 하고 있는 일에 깊이 들어가는 것이다. 감정의 방해가 적어질 것이다. 이를 통해 삶의 질이 나아진다.

둘째, 마음챙김은 과거나 미래와 연관된 고통스러운 감정들을 경험하는 대신 현재 순간에 살 수 있게 해준다. 과거 경험이나 미래의 염려들을 곱씹으면 고통스러운 감정이 떠오르는 경우가 많다. 우울증일 때 종종 일어나는 일이다. 마음챙김 훈련은 이런 반추와 그로 인한 감정과 고통이 줄어들도록 도와준다.

셋째, 마음챙김 훈련은 기분장애 관리에 도움이 될 수 있다. 현재 순간을 더 많이 의식하게 되면, 기분장애 증상이 나타날 때 알아차릴 수 있다. 우울증이나 양극성장애 증상들을 알아차리면 재발방지 계획을 통해 효과적으로 반응할 수 있다.

넷째, 마음챙김은 고통스러운 사건들을 인내하고 대응하는 능력을 향상시킬 수 있다. 감정에 압도되면 마음이 곧 혼란스러워진다. 그러니 먼저 그 생각이나 순간에 집중해서 마음을 정리하고, 차분해지려 노력해야 한다. 이것을 하려면 뒤로 물러서서, 자신의 생각을 지켜보고, 다스리도록 노력해야 한다. 마음챙김 훈련이 이 작업을 도와줄 수 있다. 현재 순간에 집중하고 주의를 기울이면서, 그것에 판단이나 가치를 부여하지 않으면, 생각을 가장 잘 활용해서, 행동을 취하고, 문제에 대응할 수 있다.

다섯째, 마음챙김 기반의 인지행동치료가 우울증에 효과적인 치료법이라고 느끼는 이들이 많다.

어떻게 마음챙김을 훈련하는가?

마음챙김은 훈련을 통해 개발할 수 있는 기술이다. 우선 현재 순간을 좋다 나쁘다 판단 없이 더 많이 의식하는 것부터 시작한다. 자신이 하고 있는 것, 한 번에 하나씩에만 모든 주의를 집중한다. 그 순간 속으로 완전히 들어간다. 마음이 제자리를 벗어나면 깨닫고 주의를 다시 그 순간으로 돌린다. 매일 하루에 5분씩 마음챙김 명상을 하는 시간을 마련해서 이 연습을 시작할 수 있다(아래 참고).

그냥 생활하면서 마음챙김 훈련을 시도해볼 수도 있다. 예를 들어 이를 닦을 때 그 한 과제를 하는 데에만 정신을 집중한다. 당신의 행동과 맛, 감각, 소리 등에 주의를 기울인다. 마음이 흐트러지면, 이 순간 이를 닦는 과제로 다시 되돌린다. 그 연습을 운전이나 설거지, 대화를 할 때나 다른 삶의 순간들에도 다시 시도해본다. 그저 흘러가는 대로 살아가는 대신 자신이 무엇을 하고 있는지를 의식하며 산다.

마음챙김 훈련 연습
1. 편안한 의자에, 편안한 자세로 앉는다.

2. 원한다면 눈을 감는다.

3. 자신의 호흡을 의식하고, 각각의 호흡에 집중한다.

4. 현재 순간에 주의를 집중한다. 자신의 호흡, 주변의 소리, 신체적 감각에 주의를 기울인다.

5. 자신이 느끼고, 보고, 듣는 것을 지켜보고 그것에 가치나 판단을 부여하지 않는다.

6. 계속해서 호흡에, 들이쉬고 내쉴 때마다 집중한다.

7. 침투적인 생각이 마음속에 들어오면, 그 생각이나 자기 자신을 판단하지 말고 내버려둔다. 다시 호흡으로 주의를 돌린다. 시간이 지나면 이런 식으로 마음에 집중하는 것이 쉬워질 것이다.

고통의 순간을 참아내는 방법

때로는 우울증의 강도가 너무 심해서 위기상황으로 느껴지기도 한다. 급박한 느낌이 들거나 충동적으로 행동하고 싶은 생각이 들 수도 있다. 빠져나갈 길이 없는 막막한 느낌일지도 모른다. 이 감정들이 우울증을 관리하고 안정을 유지하려는 당신의 노력을 무너뜨릴 수 있다. 잠시 동안 고통을 참아내는 법을 배우면, 당신이 상황을 바꿀 수 없는 어려운 순간을 지나가는 데 도움이 될 수 있다. '고통 감내 전략'은 관심 돌리기, 자기 위로하기, 위안 제공하기, 힘든 순간을 개선하는 기술들을 이용한다.

이 전략은 삶의 문제들을 해결해주는 치료법이 아니다. 문제의 심각성을 외면하려는 것도 아니다. 고통 감내 훈련은 잠시 동안 상황에서 벗어나 휴식을 취하는 것과 더 비슷하다. 이 훈련을 통해 배운 기술들은 우울증에 압도당하는 느낌이 들 때 사용한다. 결국 그 순간의 심각함이 옅어질 것이다.

고통 감내 전략

관심 돌리기
다음을 이용해서 고통을 유발하는 사건들과의 만남을 줄인다.

- 취미나 스포츠, 원예 등 주의를 돌릴 수 있는 활동에 참여하기
- 다른 생각이나 자극(퍼즐이나 독서 등)으로 관심 돌리기
- 도움 주기, 자원봉사 등 의미를 찾을 수 있는 일에 기여하기
- 더 어려운 상황에 처한 이들과 비교해보기
- 현재 감정을 다른 것으로 대체해보기(재미있거나 무서운 영화 감상 등)

여기서 주의할 점이 있다. 단기적인 관심 돌리기가 문제 회피와는 다르다는 사실을 잊지 말아야 한다. 근본적인 문제를 밀어두어서는 안 된다. 회피를 단골 전략으로 사용하는 것은 좋지 않다.

자기위로 self-soothing
자신에게 친절해진다. 아래처럼 오감을 활용해 자신을 위로하고 돌본다.

- **시각:** 꽃, 예술작품, 다른 미적 대상들을 감상한다 / 박물관에 간다 / 자연으로 나간다 / 연극, 뮤지컬, 춤 공연을 본다
- **미각:** 좋아하는 음식이나 음료를 즐긴다 / 천천히 먹고 그 경험을 음미한다
- **후각:** 좋아하는 향수나 로션을 쓴다 / 꽃을 사거나 꽃밭이나 꽃집을 구경한다 / 시나몬롤이나 쿠키를 굽는다
- **촉각:** 거품목욕을 한다 / 마사지를 받는다 / 편안한 옷을 입는다 / 누군가를 껴안는다
- **청각:** 아름답고 위안이 되는 음악이나 자연의 소리를 듣는다 / 노래를 부른다 / 악기를 연주한다

자기위로 전략을 사용하면서 자신에게는 그럴 자격이 없다고 느끼거나 죄책감이나 수치심을 느끼는 이들도 있다. 당신에게도 그런 문제가 있다면 그 문제를 담당 의사, 상담가 등의 치료진과 함께 논의하도록 하자.

힘든 순간 개선하기

당면한 부정적인 사건을 긍정적인 경험이나 이미지로 바꾸고 싶을 때 아래의 기법들을 사용해보자.

- **시각화:** 앉아서 차분하고 고요한 이미지나 당신이 편안함을 느끼는 장소를 떠올리고 집중한다.
- **명상:** 허버트 벤슨의 책 『이완 반응』을 통해 명상 시작하는 방법에 관한 자세한 정보를 알 수 있다.
- **마음챙김:** 한 순간에 한 가지에만 집중한다(216쪽의 마음챙김 훈련 참고).

- **호흡 훈련:** 가만히 앉아서 자신의 호흡에만 집중하면서 천천히 심호흡을 3~5분간 진행한다. 마음이 흐트러지면 다시 각 호흡으로 관심을 되돌린다.
- **기도**
- **이완요법**
- **응원의 혼잣말**(자기 자신의 응원단이 되자)
- **장단점 생각하기:** 고통 감내의 긍정적이거나 부정적인 측면

고통 감내의 기본원칙

- 고통을 참아내려면 자기 자신과 현재 상황을 받아들이는 능력이 필요하다.
- 수용은 고통스러운 상황을 긍정, 즉 그 상황을 좋다고 판단하는 것이 결코 아니다.
- 수용은 고통의 강렬함이 옅어질 때까지 그 순간을 참아내고 위기에서 살아남는 방법이다. 고통의 순간은 지나갈 것임을 잊지 말자.

의사소통 기술

우울증이 있을 때에는 의견을 밝히고 자신을 변호하기가 힘들 수 있다. 자신의 욕구나 감정, 의견이 중요하거나 가치 있다고 느껴지지 않을지도 모른다. 그러나 속상한 것을 마음속에 쌓아놓고 당신의 욕구와 필요에 관해 말하지 않으면 우울 증상이 심해질 수 있다. 또 자아존중감도 낮아질 수 있다.

상대방이 당신의 이야기를 정말로 들을 수 있도록 분명하고 효과적으로 의사를 전달하는 것이 중요하다. 의사소통 방식이 당신이 전하는 메시지의

전달 여부와 방식을 결정한다. 의사소통 방식은 공격형, 자기주장형, 수동형, 또는 혼합형(수동공격형)으로 나눌 수 있다.

❶ 공격형

의사소통 방식이 지배적이고, 고함, 위협, 분노를 보인다. 이 방식은 효과적이지 않다. 공격성은 다른 이들을 소외시키고 방어적으로 만드는 경향이 있다. 이 의사소통 방식으로는 당신이 원하는 것을 이루지 못하고 자신에게 좋은 느낌을 받지도 못한다. 이 방식은 피하는 것이 좋다.

❷ 수동형

이 소통 방식은 늘 조용하고 순종적인데, 공격형과 마찬가지로 효과적이지 않다. 수동형으로 대화하면 자신의 필요와 욕구를 분명히 주장하지 못한다. 의견을 밝히고 자신을 변호하지 못하면, 다른 이들이 하라는 것을 하고, 되라는 것이 될 위험을 안게 된다. 당신의 필요와 욕구는 채워지지 않는다. 다른 사람들이 당신에게 도움이 되지 않는 방식으로 반응하고, 당신은 목적을 이루지 못한다. 그러면 당신에게 일어나는 일에 통제력을 잃고 자신에 대해 더 나쁜 느낌을 받는 경우가 많아진다.

❸ 자기주장형

차분하고 자신감 있는 태도로 자신을 위해 나서는 것이다(상자 9-2). 당신은 자신의 신념, 의견, 욕구, 필요를 효과적으로 표현하고 당신이 옳다고 믿는 것을 말한다. 이 의사소통 방식을 사용하면 자신이 원하고 필요로 하는 것을

|상자 9-2| 자기주장형 의사소통

이 지침들은 자기주장형 방식을 사용함으로써 더 효과적으로 소통하는 법을 배우는 데 도움이 될 것이다.

- 의견을 밝힌다. 당신에게 원하는 것과 필요한 것을 할 권리가 있음을 믿는다.
- 분명하고, 간결하고, 단호하게 말한다.
- 자신감 있는 목소리, 어조, 태도를 취한다.
- 차분하고, 감정적이지 않은 목소리로 말한다. 당신이 사용하는 어조가 메시지를 바꿀 수 있다(사람들이 가장 많이 쓰는 어조는 화난, 심술궂은, 온순한, 수동적인, 공격적인, 무감정한 것들이다).
- 몸의 자세 때문에 메시지가 다르게 전달될 수 있으므로, 중립적인 신체언어를 쓴다.
  - 똑바로 앉아서, 개방적이고 편안한 자세와 편안한 태도를 취한다.
  - 눈을 바라본다.
  - 팔짱을 끼거나, 손가락질 하거나, 주먹을 쥐거나, 꼼지락거리지 않는다.
- 당신의 감정, 의견, 희망사항을 표현한다.
- 질문이 아니라, 진술로 말한다.
- '나' 문장, "나는 하고 싶다"거나 "내 기분은" 같은 문장을 쓴다.
- 비난이나 위협을 하지 않는다. "네가 그래서" 또는 "네가 해야"라고 말하지 않는다. 그런 말들은 다른 사람에게 결정권을 주고 방어적으로 만든다.
- 목적에 집중하고 주제에서 벗어나는 일은 피한다.
- 미리 무슨 말을 할지 계획하고 적어놓는 것도 도움이 된다.
- 다른 사람들의 말을 듣는다. 그들의 입장도 인정하고 이해하도록 노력한다.
- 이해하지 못한 것은 분명히 알 수 있도록 다시 질문한다.
- 당신의 일관성과 가치관을 유지할 수 있는 해결책을 이끌어낸다.
- 꼭 감정적인 순간에 상대방에게 반응해야 할 필요는 없다. "나도 생각 좀 해보고 나중에 다시 이야기하자" 하고 말한 뒤, 좀더 차분해졌을 때 이야기해도 괜찮다.
- 당신의 생각과 감정들을 그 즉시, 논의가 진행되거나 감정이 북받쳐 오르는 중간에 늘 알아차리거나 다스릴 수 있다고 기대하지 않는다. "내가 이 문제에 대해서 생각을 해봤는데" 하고 말하면서 나중에 이야기를 꺼내도 괜찮다.

경청은 인간관계를 유지하는 데 중요한 의사소통 기술이다. 이 부분에 대해서는 모든 사람이 더 나아질 여지가 있다. 우울증이 있으면 사고 왜곡과 집중력 부족 때문에 잘 경청하고 분명하고 효과적으로 소통하는 능력에 문제가 생길 수 있다. 아래의 권고사항들을 이용해서 경청하고 대인관계를 잘 이끌어나갈 수 있는 능력을 향상하기 위해 연습한다.

- 눈을 맞춘다.
- 개방적이고 중립적인 신체언어를 사용한다. 똑바로 앉아서, 편안하고 관심을 보이는 자세를 취한다.
- 온전히 관심을 기울인다.
- 진심으로 흥미를 보인다.
- 웃는다. 편안하고 온화하게 대한다. 유머를 사용한다.
- 상대방의 경험을 인정하고 인지해준다(고개를 끄덕이는 등). 무시하거나, 가정하거나, 자신의 개인적 경험과 비교하거나, 충고하지 않는다.
- 가끔씩 상대방이 하는 말을 요약한다. 예를 들자면,
  - "_____ 한 것 같군요.", "_____ 처럼 들리네요.", "당신 말은_____ 인 것 같아요."
  - "이게 맞나요? 제가 정확히 이해했나요?"
- 상대방의 요점과 반응을 분명히 확인한다.
- 피드백을 한다.—대화 중에 당신이 생각하고, 느끼고, 감지한 것을 공유하되 평가하지는 않는다. 솔직하고 지지적인 태도를 보인다.

상대방의 이야기를 듣는 중에도 다음과 같은 생각과 태도가 끼어든다면, 효과적인 경청을 방해할 수 있다. 자신이 이런 실수를 저지르고 있지는 않은지 알아차려야 한다. 이를 알면 경청 능력을 향상하는 데 도움이 될 것이다.

- 가정하기(관련 사실 없이)
- 상대방이 말하는 것을 걸러 듣기(내용 중 일부는 듣지 않음)
- 자기 자신이나 다른 소재로 주제 바꾸기
- 상대방의 경험을 다른 경험과 비교하기

- 마음 읽기(별다른 근거 없이 상대방이 무슨 생각을 하는지 안다고 단정함)
- 미리 준비하기(다음에 당신이 말할 내용에 집중함)
- 상대방이 말하는 내용을 판단하기
- 개인화하기(자신의 비슷한 경험을 언급함)
- 다른 생각하기, 주의 기울이지 않기
- 조언하기
- 깐족거리기, 무시하거나 비꼬기, 말꼬리 잡기
- 어떻게 해서든 자신이 옳아야 하기
- 상대방을 회유하기

협상해낼 가능성이 커진다. 자기주장형 방식을 쓰면, 자신의 욕구, 필요, 느낌을 말함으로써 자신을 더 좋게 느끼게 된다. 자아존중감이 향상되고, 당신에게 일어나는 일에 대한 통제력을 더 크게 느낀다. 이것이 권장하는 의사소통 방식이다.

우리가 배워야 할 중요한 의사소통 기술 중 하나는 효과적인 경청 기술이다. 많은 사람들이 자신의 생각만으로 돌진하면서 다른 사람이 말하는 것을 아예 듣지 않든가, 들었어도 표현하지 않는다. 이런 방식은 무관심하다는 메시지와 그들에게 별 흥미가 없다는 느낌을 전달한다.

경청은 우리의 관계를 풍요롭게 만들어준다. 우리에겐 모두 경청하는 기술을 향상시킬 여지가 있다. 직접적으로 눈을 맞추고, 온전히 주의를 기울이며, 다른 이의 경험을 인정해주는 것은 당신이 할 수 있는 간단하지만 효과적인 방법이다. 우울해서 집중력과 주의력이 최상의 상태가 아닐 때에는 좀더 힘들 수도 있다. 그래도 노력해보자. 유용한 경청 기술과 효과적인 경청을 막는 것들을 〈상자 9-3〉에서 다루고 있다.

의사와 상담할 때 필요한 자세

치료진(정신과 의사, 임상심리사, 또는 치료사)과의 좋은 작업관계는 우울증이나 양극성장애 관리에 필수적이다. 치료는 당신과 의료전문가 사이의 협력이 필수다. 당신에게 필요한 것을 잘 이해시키고 달성하기 위해서 상호 간에 잘 소통할 수 있는 능력이 꼭 필요하다. 그러기 위해서는 시간을 들여서 질문하고 걱정되는 부분을 알려야 한다. 미리 다음 사항을 적어서 면담시간에 준비해간다.

- 지난 방문 이후로 나타난 새로운 문제나 부작용, 사안들
- 물어보고 싶은 질문
- 분명히 알아보거나 검토하고 싶은 주제 또는 치료법
- 현재 약물 종류와 용량 목록(비처방 비타민이나 건강보조식품의 목록과 약물 알레르기나 과거에 경험한 심각한 약물 부작용에 관한 정보 포함)

이야기할 사안의 우선순위를 꼭 정한다. 한 회기에 모든 것을 다룰 수 없다는 것을 이해하자. 작은 수첩에 위의 정보들을 기록하고, 자세한 복약 지시사항, 집에서 할 과제, 다음 약속, 이전의 복약정보 등을 적는 것이 도움이 될지

모른다. 상담시간 동안 효율적으로 소통하기 위해 다음 지침들을 따른다.

- 생각을 이야기한다. 의사에게 당신이 중요하게 생각하는 문제가 무엇인지 알게 한다.

- 가능한 한 분명하고, 간결하며, 정확하게 말하도록 노력한다.

- 질문한다. 예를 들어,

  - 나에게 무슨 문제가 있는가? 내 진단명이 무엇인가?

  - 어떤 치료법이나 약물을 추천하고 그 이유는 무엇인가?

  - 다른 치료 대안이 있는가?

  - 이 치료법의 효과와 위험은 무엇인가?

  - 이 치료법에 효과가 있는지 알려면 얼마나 걸릴 것인가?

  - 이 약물을 복용 시 어떤 느낌이 들 수 있는가? 어떤 부작용이 생길 수 있나?

- 의사가 지시한 사항이 있다면 자세하게 적어둔다. 복잡한 정보를 듣고 머릿속에 기억
  해두는 것은 어려울 때가 많다.

- 이해가 안 되거나 기억이 안 나는, 또는 모호하거나 불명확해 보이는 지점이나 지시
  사항은 반복하거나 분명하게 알려달라고 의사에게 부탁한다. 어떤 지시사항이든 불
  확실한 점이 있는 채로 상담을 종료하지 않는다.

- 무언가를 잊거나 이해하지 못했다고 창피해할 필요가 없다. 어떤 질문도 '바보 같은'
  질문은 없다.

- 의사가 당신에게 화가 나거나 질문에 답을 거절할까 봐 걱정하지 않는다.

- 사람마다 자신의 병에 관해 알고 싶어하는 정보의 양이나 깊이에 차이가 있다. 어떤 이
  들은 기본적인 얼개만 원하지만, 다른 이들은 자세히 알아야 자신에게 벌어지는 일을
  통제할 수 있다고 느낀다. 당신에게 어떤 것이 좋은지 결정하고 의사에게 알려준다.

의사와의 소통에 문제가 있다면, 당신이 염려되는 점을 가능한 한 정직하고 솔직하게, 위협적이지 않고, 비난하지 않으면서 이야기한다. 예를 들면 이렇게 말해보자.

- "우리 이야기가 잘 통하지 않아서 걱정됩니다. 예전에 _____ 때에는 괜찮았는데요."
- "선생님과 _____ 에 대해서 이야기를 나누면 좋겠는데, 그럴 수 없는 것 같아요. 이것에 대해서 이야기해봐도 될까요?"
- "저는 _____ 에 대해 더 이야기를 해보고 싶습니다. 그 이야기를 할 시간을 잡을 수 있을까요?"
- "_____ 가 이해가 잘 안 됩니다. 선생님이 도와주실 수 있나요?"

가족과 친구들을 위한 조언

가족구성원과 가까운 지인들도 우울 삽화 중에 당신을 어떻게 도와야 할지 알지 못해서 고생하곤 한다. 그들도 궁금할 수 있다. '내가 무슨 말을 해야 하지? 내가 어떻게 도와줄 수 있지?'

우리 모두 스트레스가 되는 상황과 질병에 대처하는 자신만의 방법이 있다. 질병, 대인관계, 생활사건, 일에 대한 자신만의 개인적 경험들이 있다. 이런 차이 때문에 사람마다 다양한 욕구가 생기고, 따라서 도와줄 수 있는 방법도 여러 가지다. 여기에서는 당신이 주변인들에게 전달해줄 만한 제안을 몇 가지 제시한다.

가족 또는 친구들이 하면 좋은 일은,

- 곁에 있으면서 온전히 주의를 기울여준다. '이 순간'에 마음을 둔다.

- 들어준다. 간단해 보이지만, 어려울 수 있다. 항상 답을 줄 필요는 없다. 때로는 공감하며 들어주는 것이 상대방에게 가장 필요한 것일 수 있다.

- 자신이 신경 쓰고 있음을 알게 한다. 어떤 시기 동안에는 더 큰 인내심과 배려가 필요할 수 있음을 기억한다.

- 상대방의 감정을 인정한다. 자신이 가치 있다고 느끼게 해준다.

- 격려해주고 싶다면, 상대방의 특별한 자질(유머감각 등)과 성공적으로 이겨낸 다른 경험이나 성취를 상기시켜준다.

- 우울증, 조증, 자살위험의 증상들이 무엇인지 배운다.

- 상대방의 위험징후(우울증이나 조증 삽화가 심해지기 전에 앞서 오는 것)를 인지하고, 전문적 도움을 권유할 시점을 안다.

- 상대방이 공유하고 싶어하는 범위에 대한 선택을 존중한다. 어떤 이들은 개인적으로 간직하지만 어떤 이들은 우울증에 대해 더 많이 이야기한다. 누군가 당신에게 털어놓았다면, 그 대화는 비밀로 한다. 상대방에게 다른 사람들이 알기 바라는지 물어본다.

- 상대방이 부탁했다면 치료 결정을 논의하는 데 도움을 주어야 하지만, 충고는 하지는 않는다. 동의하지 않더라도 치료법에 대한 결정을 존중해준다.

- 일상적인 과제들을 도와주되, 대신 해주지는 않는다. 상대방이 자신을 돌보도록 격려하고 더 쉽게 할 방법을 찾아본다.

- 구체적이고 명확한 방법으로 도움을 준다(쇼핑 물건 들어주기, 개 산책시켜 주기, 치료에 함

께 가주기).

- 일상적인 활동과 친목모임에 상대방을 데리고 간다. 무언가를 감당할 수 있을지 없을 지는 상대방이 결정하게 둔다.

- 가능한 한 관계를 평소와 같이 균형감 있게 유지한다. 상대방은 우울증과 상관없는 대화와 활동들을 감사히 여길 수 있다.

- 상대방에게 감정적으로나 신체적으로, 좋은 날도 나쁜 날도 있을 것이라는 점을 기억 한다.

하지 말아야 할 일은,

- 충고하거나 판단 내리기.

- 상대방의 경험을 당신이 아는 다른 경우와 비교하기.

- 누군가가 절망감이나 부정적인 감정을 표현할 때 자동적으로 위로하는 말을 하기. ㅡ "괜찮을 거야"라고 말하기 전에, 이것이 당신 자신의 불안과 두려움을 가라앉히기 위해 말하는 것이 아닌지 생각해본다. 때로는 이런 말이 지지보다 무시로 느껴질 수 있다.

- 문제를 자기 탓으로 받아들이기. ㅡ기분장애가 있는 사람이 평소보다 말수가 적어지 거나 짜증을 내는 일은 드물지 않다.

- 우울증이나 조증에 대해 이야기를 하거나 자살 생각에 관해 물어보는 것을 두려워 하기.

〈 Chapter 10 〉

믿을 수 있는 사람의
지지야말로
가장 중요한 전략이다

· 가족과 친구 대하기 ·

◆
◆

"가장 좋은 유형의 사람은…
당신이 구름을 보던 곳에서 태양을 보게 해준다.
그 사람은 당신을 강하게 믿고 있어서,
당신 또한 자기 자신을 믿게 만든다."
– 케이트 레티

믿을 수 있는 사람이 보내는 훌륭한 지지는 당신이 세상을 보는 방식까지 바꿔준다. 더 중요하게는 그 사람이 당신을 보는 방식으로 자기 자신을 보게 만듦으로써 자아존중감, 자신감, 자신에 대한 믿음을 향상시킬 수 있다. 만약 당신에게 교류할 만한 좋은 특질이 전혀 없고 정말 '실패자'일 따름이라면, 당신이 존중하는 좋은 사람들이 당신에게 지지를 보낼 리가 없다는 점을 기억하자. 그러니 친구를 현명하게 선택하고, 당신이 좋을 때나 나쁠 때나 지지해줄 가까운 관계를 잘 유지하는 일은 매우 중요하다.

　힘든 상황을 지날 때 당신을 도와줄 좋은 지원체계가 있으면 질병을 관리하고 잘 지내기가 훨씬 쉬워진다. 이것이 이상적이지만, 모든 사람이 누릴 수는 없는 많은 이유가 있다. 가족구성원이나 친구들이 언제나 원하는 만큼 믿을 만하거나 이해를 잘 해주지 않을 수도 있고, 당신이 필요한 순간에 바쁠 수도 있다. 때로는 도움 요청하기가 겁날 수도 있다.

　임상심리학자 루이자 실비아에 따르면, 여기에는 두 가지 이유가 있다. 첫째로, 당신이 다른 사람들, 특히 당신을 잘 아는 사람이 어떻게 생각할지 신경이 쓰이고 그들에게 상처받을까 봐 두렵기 때문이다. 사실 그들은 누구보다도 당신을 '폭발하게 만드는' 법을 잘 알고 있지 않은가. 또 다른 이유는 다른 사람들을 실망시키고 관계에서 당신의 몫을 다하지 못하게 될까 봐 두려워하기 때문이다. 예를 들어 기분장애 삽화 동안에 당신은 만날 약속을 취소하거나 전화나 이메일에 답을 못하는 등의 일이 생길 수 있다. 이런 행동은 자신에 대한 실망과 무가치감을 강화한다.

　가족이나 친구들과 자신의 병에 관해 이야기 나누는 것을 가장 힘들고 스트레스를 받는 부분으로 꼽는 이들이 많다. 가까운 사람이라도 기분장애에 대해 서로 다른 관점과 지식, 이해도를 지닐 수 있고, 이것이 당신과의 소통이나 관계에 걸림돌이 될 수 있다. 질병을 둘러싼 개인적 관계는 대개 다음의 세 가지 유형 중 하나에 속한다.

1. 기분장애에 관해 말해주기로 결정하고, 대개는 지지적인 사람
2. 질병에 관해 알지만 지지해주지 않는 사람
3. 말해주지 않기로 선택한 사람(먼 지인이나 고용주 등)

기분장애가 있는 대부분의 사람은 관리해야 할 이런 관계들을 다양하게 마주한다. 가족 중 한 명이 당신의 질병이나 겪고 있는 상황을 이해하지 못한다고 느끼는 것이 당신만은 아니다. 사실 많은 주변인들이 이 질병을 이해하는 데 어려움을 겪는다. 작가 윌리엄 스타이런은 이 경험을 이렇게 표현했다. "우울증은 기분의 장애이고, 너무나 이해하기 힘들도록 고통스럽고 규정하기 힘들어서 (…) 설명이 불가능한 영역에 아주 가까이 다가간다. 그래서 그것의 극심한 상태를 겪어보지 않은 이들이 그것을 이해하기는 거의 불가능에 가깝다." 그는 가까운 이들을 그들이 잘 이해하지 못할 세상으로 끌어들여야 하는, 당신이 마주한 도전을 잘 안다.

당신 자신의 건강을 지켜내려면 이런 관계들을 잘 관리해야 한다. 문제는 이것이다. 이런 골치 아픈 만남들을 어떻게 이겨내야 하는가? 첫 단계는 자신이 치료 가능한 생물학적 질병을 앓고 있고, 그것을 관리하기 위해 최선을 다하고 있다고 스스로 믿는 것이다. 질병의 특성과 기복, 양상을 이해한다. 치료진을 지원의 도구로써 현명하게 활용해야 한다. 그 다음에 지인과 가족들의 질병에 대한 이해수준을 높이기 위해 노력해본다. 그들과 대화할 때 앞의 9장

|그림 10-1| 가족, 친구들과의 관계 관리

가까운 사람들이 당신의 병에 관해
알 수 있도록 돕는다. 읽을 책을 주거나 강의나
가족모임에 함께해 달라고 부탁한다.

가족과 친구들에게
자기주장형 기술과 효과적인
경청 기술을 활용한다.

치료진의 지원을
잘 활용한다.

이 질병이 치료 가능하며
각자 고유한 양상의 기복이
나타남을 스스로 받아들인다.

에서 살펴본 자기주장형 기술과 효과적인 경청 기술들을 사용한다. 가까운 이들에게 읽어볼 책을 주거나, 치료사와 함께 가족모임에 데리고 가거나, 정신건강 관련 단체에서 진행하는 기분장애에 관한 근처의 강의나 설명회에 함께 참석해 달라고 부탁한다(그림 10-1).

지지적인 가족과 친구들

당신에게 지지를 보내는 가족 또는 친구들은 당신의 삶에서 가깝고 중요한 사람들이며, 좋은 때와 별로 좋지 않은 때에 당신이 다가가야 할 바로 그 사람들이다. 이들에게 꾸준히 연락을 취하고(상황이 안 좋아질 때에 대비하여—7장 〈재발방지 전략〉 참고), 재발방지 실행계획의 일부로서 도움을 구해야 한다. 이들에게 당신의 질병에 관해 털어놓는 것을 망설이지 말고, 당신이 느끼는 감정들을, 그것이 자살과 관련된 것이라 해도 말해준다. 이 분류에 한 명 이상을 넣도록 노력하자. 누구라도 어떤 순간에 각자의 삶의 의무들로 바쁘거나 멀리 있을 수 있기 때문이다.

지지적이지 않은 가족과 친구들

누구나 '자신만의 이유'로 기분장애를 이해하거나 받아들이기를 어려워할 수 있다. 그것이 당신과 관련된 문제가 아니라는 점을 기억하자. 당신의 질병에 대해 그들 자신 안의 무언가를 바탕으로 반응하는 사람들이 종종 있다. 당신 때문이 아니다. 일부는 질병에 관해 정확하지 않은 낙인을 믿고 그것을 그저 수치스럽고 사회적으로 용납되지 않는 것으로밖에 보지 않는다. 그들은 당신에게 비판적이고, 당신이 기분장애가 있기 때문에 무능력하다거나, 성격이 나약하다거나, 바람직하지 못하다며 비난할 수 있다. 그러나 이것은 모두 정신건강에 대해 그들이 잘못 알고 있는 신념체계 탓일 뿐이다.

그들의 반응이 분명 상처가 될 것이다. 가까운 사람들이 당신 편에 서서 당신의 질병과 당신이 처한 상황을 온전히 이해해주길 바라기 때문이다. 그러나 이런 상황에서는 한 걸음 뒤로 물러서서 아무리 노력해도 다른 사람의 의견을 바꾸기가 불가능할 수 있음을 이해해본다. 그 관계를 유지하고 싶다면 이 문제에 관해서는 '합의할 수 없음에 합의'해야 할 수도 있다. 이런 식으로 반응하는 이들도 나름의 방법으로 당신을 사랑한다는 점을 기억하자. 그들은 그저 삶의 이 지점에서는 당신의 병을 받아들일 수가 없는 것뿐이다.

- 치료사와 함께 가족 모임을 마련하고 도움이 되는지 본다.
- 다른, 더 지지적인 사람들에게서 받을 수 있는 지지를 이들에게 받으리라고 기대하지 않는다.
- 당신의 병이 아닌 다른 주제들로만 대화를 한정하는 것이 나을 수도 있다.
- 비지지적인 인물과는 대면으로든, 통화나 문자나 이메일로든 접촉빈도를 제한해야 할 수도 있다. 이들과의 접촉이 당신을 자극한다면 특히 중요하다.

안타깝지만, 기분장애를 앓을 때에는 대인관계, 특히 새로운 관계들을 놓치는 경우가 생긴다. 다시 한번 강조하지만, 이것은 고통스러운 일이기는 해도 개인적으로 받아들이지 않도록 한다. 잃어버린 관계는 상대방이 질병을 감당할 수 없어서이지 당신 때문이 아니다. 최선을 다해서 이 상실에 대해 슬퍼하고, 넘어가야 한다. 그 일을 한쪽에 묻어두고 별로 상관없다고 말해보았자, 언젠가 다시 당신을 쫓아올 뿐이다.

말해주지 않기로 결정한 사람들

당신에게는 병을 비밀로 남겨두고 아주 가까운 이들에게만 알릴 권리가 분명히 있다. 이 방법은 여러 상황에서, 가령 만난 지 얼마 안 된 사람들이나 아직 잘 알지 못하는 새 지인들과의 관계에서 권유할 만하다. 또 고용주나 동료에게도 알리지 않기로 결정할 수 있다. 이것은 당신의 직장 상황과 업무 종류, 그곳에서 근무해온 기간, 상사와의 관계, 직장에서의 연차나 다른 많은 요인들에 따라 달라진다. 병원 방문을 위해 그저 '길어진 점심식사'를 핑계로 대고 더 설명하지 않을 수도 있다. 모두 당신에게 달려 있다. 여기에는 옳거나 그른 답이 없다.

그러나 질병 때문에 업무 수행에 영향을 받기 시작했다면, 은밀히 고용주에게 그 사실을 알려서 왜 당신이 이전만큼 뛰어난 수행을 보이지 못하는지 현실적으로 이해시키는 것이 나을지 모른다. 그 후 함께 업무 변경이나 시간제 근무, 회복기 동안의 휴직을 결정할 수 있을 것이다. 생각보다 많은 고용주들이 잘 이해한다는 데 놀라게 될 것이다.

투병 사실을 밝힐 때 고려할 사항

이것은 아주 개인적인 결정이다. 당신의 상태와 기분장애에 관해 무언가를 밝힐 올바른 대상과 올바른 시점을 선택하는 것은 쉽지 않다. 누구에게 밝힐지, 밝힐지 말지, 언제 밝힐지, 얼마만큼 밝힐지는 모두 아주 어려운 문제다.

먼저 그 사람과의 관계와 그 관계의 종류(친구, 가족, 직장, 또는 그저 지인인지), 얼마나 친밀한지에 따라 달라진다. 정말로 믿을 수 있고 지지적이라고 느끼는 누군가에게 말하고 싶을 것이다. 스스로 물어보자. 그 사람은 친밀한 친구인가 아니면 그저 가볍게 아는 지인인가? 그 사람이 이해할까?

자주 보는 사람들 중 가장 친밀하고 믿음직한 가족과 가까운 친구 몇몇에게는 당신의 진단명을 말해주고 적절한 치료를 받고 있다고 안심시켜주고 싶을지 모른다. 이런 고백은 그들이 그런 이야기에 개방적이고 지지적이라고 생각할 때에만 하는 것이 좋다. 그렇지 않다면, 그 사람이 누구이든 이런 종류의 사적인 정보를 알려서 도움될 일이 없을 것이다. 의례적인 친구, 먼 친척들, 가벼운 지인들은 그것을 알 필요가 없다. 동료들도 당신의 질병이 그들에게 또는 그들의 안전에 직접적으로 영향을 주지 않는 한 알 필요가 없다. 동료들에게 밝혀야 할 수 있는 직업의 몇 가지 예로 건축공사의 비계 작업, 버스나 기차 운전, 환자 돌봄이나 약물 조제 업무, 영유아 돌봄 등이 있다.

상사나 관리자에게 말하는 문제에 있어서는, 당신의 수행능력에 영향을 줄수 있는 치료 가능한 생물학적 질병을 앓고 있어서 업무를 계속 잘 수행할 수 있도록 치료받을 시간이 필요하다고 말할 수 있다. 그 질병이 무엇인지 또는 그것이 정신질환이라는 것을 말할 필요는 없다. 만약 높은 건축물 공사나 소방 활동처럼 신체 안전이 문제가 되는 업무라면, 관리자와 함께 논의하고 당신과 동료들 모두 안전하리라는 점을 안심시켜야 한다.

질병에 관해 이야기하는 법

아주 처음부터 누군가에게 얼마만큼의 정보를 얘기해줄지 천천히 조심스럽게 진행해야 한다. 단순한 언어로, 한 번에 아주 작은 정보만 알려주는 것이 가장 좋은 방법일 수 있다. 그것을 상대방이 어떻게 받아들이는지, 계속해서 지지적인 태도를 보이는지 살펴본다. 그들이 받아들일 수 있다면 점차적으로 더 자세한 내용들을 더해갈 수 있을 것이다. 당신의 상태가 치료 가능한 생물학적 질병이라는 점을 강조한다. 질문을 하고, 당신이 답을 알면, 직접적으로 대답해준다. 신뢰할 수 있는 정신건강 관련 사이트를 통해서 우울증이나 양극성장애에 관해 더 많은 정보를 읽어보고 자신들의 궁금증을 해결하고 안심할 수 있도록 이끌어준다. 이것이 신뢰해서 털어놓는 대화이며 다른 사람에게는 전하지 않도록 일러준다.

상사나 관리자와 이야기를 할 때에는 앞으로 몇 달간 몇 번 치료를 받으러 가야 하는지를 말해야 할 수 있다. 당신이 현재 업무(또는 부서나 회사)에 아주 관심이 있고 잘 하려고 노력 중이라는 점을 강조한다. 가능하면 정신건강 치료를 최대한 하루 중 맨 첫 시간이나 마지막 시간, 근무시간 이후, 또는 쉬는 날로 잡는다. 그렇게 하면 한 시간 늦게 출근하거나 평소보다 한 시간 늦게 귀가할 수 있게 된다. 집에 어린 아이들이 없다면 대개는 큰 문제가 되지 않을 것이다. 이렇게 하면 일에도 영향을 덜 미쳐서 상사나 동료들이 당신의 빈자리를 채우는 일도 적어질 것이다.

그리고 근무 중에 차분하게 보낼 수 있도록 최선을 다하고 그곳에 있는 동안 열심히 일한다. 만약 집중력이 부족하거나 속도가 느려졌다고 느낀다면,

업무를 마치기 위해 더 빨리 가거나 늦게 오면서 시간을 더 들여야 할 수도 있다. 포스트잇에 메모를 써놓거나 회의나 마감날짜를 기억하기 위해 달력에 일정을 적는 것처럼 부수적인 일에 주의를 기울여야 할지 모른다. 어떤 고용주들은 직원에게 집중치료나 장기간의 치료가 필요하다면 시간제 근무나 병가를 제공할 수 있고 법적으로 고용을 유지해야 한다는 점을 알아두자.

관계 유지의 어려움

관계에서 한 사람이나 두 사람 모두 스트레스를 받고 있거나 우울증이나 양극성장애 같은 정서적 문제를 겪고 있다면 그 관계를 다루기가 굉장히 힘들 수 있다. 더 건강한 배우자가 질병을 잘 이해하지 못해서 자기 방식대로 일을 하려 들면서 거의 통제하거나 조종하려 드는 경우도 있다. 이런 상황은 당신에게나 그 관계에나 건강하지 못하다.

첫 단계로 좋은 것은 언제나 사랑하는 사람과 함께 앉아서 당신이 지닌 문제들에 대해 솔직하게 이야기를 나누는 것이다. 차분하고 침착한 태도를 유지하고 감정적으로 폭발하지 않도록 노력해야 한다. 그런 반응은 상대방을 방어적으로 만들고 논쟁을 크게 만들 뿐이다. 상대방이 우울증이 있다면 그만이 제공할 수 있는 답을 털어놓고 공유하지 않거나, 자기 자신에게만 말이 되고 당신은 이해하지 못하는 반응을 보일 수도 있다. 당신은 이상적인 세상에서라면 당신이 알아야 할 중요한 정보들을 기꺼이 또는 믿을 만하게 공유받지 못한다고 느낄지 모른다. 이 때문에 더 고통과 혼란을 느끼는 경우도 종종 있다. 기분장애를 겪는 사람이 당신이라면, 이야기를 명확히 듣고 너무 쉽게 결론을 내리지 않도록 특히 주의한다. 우울증이 부정적인 생각을 이끌 수 있고, 그것이 관계에 영향을 미칠 수 있다. 그러니 잠시 멈추고 근거 없이 결론으로 치닫지 않도록 한다.

당신의 문제를 해결하고 난 다음에는, 이 사람이 당신 곁에 있을지 없을지, 인생의 다음 단계로 나아가야 할 수 있다. 다시 한 번, 무언가가 잘못된 것 같다는 느낌이 오는지, 언제 오는지 말해주는 자신의 본능을 믿는다. 결정의 근거가 될 만한 명확한 정보나 근거들을 최대한 구해보고, 때로는 당신을 잘 아는 다른 가족이나 치료사의 도움을 얻어서, 변화를 꾀할 시점이 언제인지 고민한다. 뜬소문이나 쓸모없는 험담은 멀리한다. 명확한 근거를 바탕으로 결정을 내릴 때 건전한 결정을 내릴 가능성이 더 높아진다. 삶의 다음 단계로 나아가야 할 시점을 아는 사람이 더 행복한 결론에 도달할 수 있다.

가족과 보내는 휴일에서 살아남는 법

휴일이나 명절 동안에는 특유의 기쁨과 번잡함으로 가득한 환경과 사람들에게 둘러싸인다. 우울증이나 양극성장애를 앓고 있다면, 이런 상황이 평소보다 스트레스가 크고, 부담스러우며, 짜증이 나는 시기가 될 수 있다. 기분과 에너지가 저하되면, 명절 행사에 참여하려는 노력을 발휘하기가 힘들 때가 많다. 그러나 동시에, 내적으로든 가족들 때문이든 참여에 대한 압박을 느낄 수도 있다. 명절 기간은 어떤 이들, 특히 우울증이 있는 사람에게는 큰 스트레스를 불러온다.

기념일과 관련된 사회적 역할을 수행하고, 붐비는 사람들 속에서 쇼핑하고, 소중한 이들을 위해 기념일에 맞는 음식이나 선물을 준비하는 일 때문에 당신의 일상적 활동이 어긋나면 생각보다 큰 불안을 불러일으킬 수 있다. 일과의 작은 변화가 신체의 안정성 유지 능력에 부담을 줄 수 있는데, 기분장애를 앓고 있다면 일과의 이런 변화에 적응하는 것이 더 어려울 수 있다.

스트레스의 또 다른 원천은 오랫동안 보지 않아서 더 이상 공통점이 별로 없는 것 같은 가족이나 친구들과 어울리는 데에 있다. 그것을 명절의 기쁨이 아니라 의무로 느낄 수 있고, '가족'이라는 명목 때문에 불편할 것이 예상되는 만남을 두려워하면서도 그냥 하기도 한다.

이것은 누군가가 우울증을 겪고 있든 아니든 일어나는 일이다. 가족 안에는 아주 다양한 성격과 기벽을 지닌 온갖 구성원들이 포함된다. 그들 중 일부와는 어울릴 만하겠지만, 일부와는 어려울 수 있다. 일부는 그저 가족의 평화를 위해 참아내야 한다. 그리고 일부는 당신의 신경을 거스르는 일만 해댄다! 예를 들어, 당신의 아버지가 늘 기분이 상하는 방식으로 당신의 직장일을 묻거나, 할머니는 그저 애인이 있거나 이제 결혼을 하는지만 궁금해 하고, 삼촌은 당신을 두고 농담을 하는 게 재미있다고 생각한다. 당신은 조용히 그들에게 시달리거나, 목소리를 내고 아마 절대로 바뀌지 않을 사람들과 방어적인 말싸움을 벌일 위험을 떠안거나, 휴일 동안 집에 머무르거나 다른 곳에 가는 것 중의 하나를 선택할 수 있다.

명절 스트레스는 그 누구라도 곤경에 빠뜨릴 '해야 한다' 목록들로 시작되는 경우가 많다. 나는 이것을 하거나 저 역할을 하러 가거나 그 선물을 사'야

한다'. 나는 가족들이 먹을 명절 음식을 준비하거나 살림의 여왕 마사 스튜어트처럼 핸드메이드 선물을 마련'해야 한다'. 너무 많은 책임을 지거나 스스로 부여한 기준에 맞추어 살아내지 못할까 봐 죄책감을 느끼고 있을지도 모른다. 또는 우울할 때에는 그저 아무것도 하고 싶은 기분이 들지 않아서 나중에 가까운 이들을 외면했다는 죄책감을 느낄 수도 있다. 올해에 현실적으로 할 수 있는 것만 하자. 이것저것을 '해야 한다'고 말하는 대신, 이것저것을 '하면 좋겠다'로 바꾸자. 그러고 나서 가능하다면, 더 현실적인 목표를 세우되 오늘 그것을 이루지 못할 것 같다고 속상해하지도 말자.

기대란 까다로운 것이다. 명절 기간의 기대란, 자신에게 스스로 부여한 일련의 인위적인 기준들의 모습으로 나타난다. 그것들은 잡지, 텔레비전, 인터넷에 나오거나 또는 증조모께서 전에 했다는 그런 도달할 수 없는 이상들에 근거를 둔 것이다. 이러한 비현실적인 기대에 도달하려 해보았자 기쁨이 아니라 실망감과 더 큰 스트레스를 가져올 뿐이다. 그 대신, 우울증을 겪는 자신이 어떤 상황에 처해 있는지, 그리고 지금 자신과 가족들을 위해 현실적으로 할 수 있는 것이 무엇인지 생각해본다. 명절연휴를 위해 작은 목표들을 달성 가능한 것들로 설정한다. 목표를 아주 단순한 것들로 잡으면 당신과 타인들 모두 더 만족할 것이다.

명절에 대처하고 스트레스가 되는 사건들의 효과를 줄이기 위해 대처전략을 사용할 수도 있다. 먼저 일상생활의 정기적인 계획들, 가령 식단/영양, 수면, 운동, 자기돌봄을 유지한다. 명절 음식들을 즐기되, 과식하고 나중에 후회하지는 말자. 가능한 한 당신이 맡은 책임과 활동들을 우선시하고 일정을 너무 많이 잡지 않는다. 일정을 기록하고 해야 하는 일의 목록을 만든다. 문제

해결 전략을 사용하고 꾸준히 이완과 자기위로 기법도 활용한다. 유머를 이용해서 마음을 비운다(재미있는 책이나 영화가 종종 놀라운 일을 해낸다). 9장에서 설명한 마음챙김 명상을 시도해본다(216쪽). 이 시기에는 필요하다면 한 발짝 뒤로 물러서서 거절하는 법을 배워서 자신을 지나치게 희생하지 않도록 한다.

주변에 가족이나 친구가 많은 편이 아니라면? 가족과 멀리 떨어진 지역에 살고 있는데 쉽게 이동할 수 없거나, 소중한 이들이 이미 세상을 떠났을지 모른다. 어쩌면 친밀한 친구들의 관계망이 줄어들어서, 꽤 외로운 기분을 느끼고 있을지도 모른다.

미디어는 행복해 보이는 사람들이 한데 모여 추수감사절, 하누카(유대교의 대표적인 축제 – 옮긴이), 성탄절, 신년, 독립기념일, 여름휴가 등을 기념하는 이미지들로 상황을 종종 악화시킨다. 우울할 때에는 이런 시각적 이미지가 가는 곳마다 나타나서, 거의 빠져나갈 수 없는 느낌을 주기도 한다. 우리는 이것이 그저 이미지일 뿐 현실이 아니며, 당신처럼 소수의 친밀한 관계만 있는 사람들도 많다는 점을 종종 잊는다. 현실에서는 누구나 진짜 스트레스를 받고 불완전한 삶을 살면서, 질병과 돈 문제로 고민하고, 미디어가 보여주는 것처럼 '신나게' 지내지 않는다는 점을 잊기 쉽다. 고향의 친지들과 너무나 멀리 떨어졌다고 느낄 때 이런 기념일들을 어떻게 헤쳐 나가야 할까?

먼저, 당신이 개인적으로 잘 아는 사람들이 누구이고, 그들과의 관계가 어떤지 자문해본다. 관계의 질이 양보다 앞서는 지점이 여기 있다. 당신만 이런 상황을 겪는 것이 아니라, 지지적인 가족과 친한 친구들의 인맥이 넓지 않고 작은 사람들도 많다는 점을 기억한다. 모두가 저 유명한 일러스트레이터 노먼 록웰이 그려낸 이상적인 잡지 표지들이나 TV에 나오는 것처럼 살지는 않는다. 그리고 당신 친구들과의 만남을 위해 노력해보자. 소소한 점심 모임이나 집에서의 저녁식사도 괜찮다.

그 밖에 휴일 동안 어려움에 처한 이들을 찾는 것에서 도움을 얻는 사람들도 많다. 많은 자원봉사 단체들이 도움의 손길을 구하고 있고, 당신도 내어줌으로써 오히려 무언가를 되돌려 받는 경험을 할지 모른다. 교회나 유대회당, 지역 복지관에서 이런 목적으로 운영하는 조직에 당신도 참여 가능할 수 있다. 한번 시도해보면 놀라운 경험을 하게 될지 모른다.

<< 에필로그 >>

우울증을 겪고 있는 우리에게도
잘 살 수 있다는 희망이 있다

　우울증을 성공적으로 관리하면, 그러니까 이제까지 이 책에서 언급한 모든 것을 실제로 한다면 어떤 모습이고 어떤 느낌일까? 이 전략들은 우울증을 치료해주는 마법이 아니다. 그러나 잘 따르면 이 질병을 헤쳐 나가는 데 도움이 되고 삽화들도 더 짧고 덜 심각하게 경험할 가능성이 높아진다.

　우울증을 관리할 때 처음으로 경험하는 것은 우울증이 질병이고, 그러니 치료 가능하며 관리 가능하다는 점을 받아들이면 일상을 살아갈 수 있게 된다는 사실을 깨닫는 것이다. 우울증은 개인의 나약함이나 성격적 결함이 아니다. 질병을 잘 관리할 때에는 잘못된 의견이나 도움되지 않는 조언을 하는 이들의 말에 더 이상 귀를 기울이지 않게 된다. 이것은 큰 위안을 준다. 이 병의 특징상 기분이 오르락내리락 변하고, 좋은 날도 별로 좋지 못한 날도 있을 것이다. 당신은 자신이 경험 중인 변동과 그 양상을 이해하려 노력해야 한다. 어떤 날은 비교적 괜찮은 기분을 느끼며 일어나겠지만, 어떤 날에는 완전히 저조한 기분을 느낄 것이다. 바로 이때가 좋지 않은 시간들도 큰 그림의 일부이며 이 순간이 결국은 지나가리라는 사실을 더더욱 기억해야 할 시간이다. 물론 쉬운 일은 아니다.

우울증을 관리할 때는 매일 정신건강의 기본수칙들을 따르는 것이 매우 중요하다. 이 수칙들이 정신적·신체적으로 잘 지내도록 도와줄 것이다. 우울증을 관리한다는 것은 한마디로, 개인적인 자기돌봄을 유지하고 의사가 정해준 치료계획을 따른다는 뜻이다. 매일 밤 7~8시간을 자고, 매일 세 번 건강한 자연식품으로 균형 잡힌 식사를 하며, 카페인과 담배 섭취를 제한하고, 술이나 마약을 하지 않는다. 그리고 처방받은 대로, 설사 기분이 나아지더라도 약물을 모두 복용한다는 뜻이다. 어떤 종류든 자신의 신체적 상황에 맞추어서 매일 운동을 하는 것도 포함된다.

우울증을 잘 관리할 때 핵심적인 또 다른 요소는 고립을 피하는 것이다. 이는 가족과 친구들, 다른 사회적 관계들을 유지함으로써 해낼 수 있다. 별로 그럴 기분이 나지 않더라도 노력해본다. 누군가와 최근에 연락을 한 지 오래되었다면, 수화기를 들고 먼저 전화를 건다. 때로는 주변 사람들이 당신이 우울할 때 무슨 말을 해야 할지 몰라 어색하거나 불편할까 봐 겁이 나서 전화를 걸지 않는 경우도 있다. 그런 경우에는 당신이 먼저 연락해서 당신을 붙들어줄 관계들을 유지하는 것이 중요하다.

정신건강의 기본수칙을 따르는 것은 시간을 체계화하고 생활 계획을 따른다는 뜻이다. 매일 같은 시간에 일어나서 옷을 갈아입고, 종이든 전자기기든 달력이나 수첩에 적어둔 몇 가지 계획들을 해낸다. 당신이 해낼 수 있는 현실적인 활동들로 속도를 조절한다. 여기에는 책임과 의무, 즐겁고 긍정적인 경험들, 성취활동이 포함된다(8장 〈인지행동치료〉 참고). 침대나 소파에 종일 머물면서 아무 일도 하지 않고 시간을 계속 흘려보내는 게 도움이 되지 않는다는 점을 이해한다. 우울하고 지쳐서 아무 것에도 흥미가 없을 때 출근을 하거나 적극적으로 행동하기가 얼마나 어려운지 안다. 가장 좋은 조언은 어찌 됐든 그냥 하면, 결국 의지가 따라오리라는 점이다. 처음에는 무언가를 하기에는 너무 피곤하다고 느끼며 시작하지만, 일단 그 작업에 빠져든 뒤에는 피로감이 나아지거나 사라지는 것처럼 보이는 일을 많은 이들이 경험해왔다.

효과적인 우울증 관리를 위해서는 증상에 주의를 기울이고 관찰해야 한다. 당신의 위험징후와 우울증을 악화시키는 유발요인을 알아낸다. 이런 징후들의 변화가 문제가 될 때 개입할 수 있도록 치료진과 함께 계획을 세워둔다. 그 계획에는 어떤 조치를 취하고 누구에게 도움을 요청할지를 담는다. 질병을 잘 관리한다는 것은 재발 가능성을 최소화하고 자신을 안전하게 지키기 위한 조치들을 취한다는 뜻이기도 하다. 그러기 위해서는 위에서 요약한 기초적인 예방조치에 따라야 하고, 그럼으로써 정서적 안정성이 유지되고 변동에 대한 취약성이 줄어들 것이다. 힘든 시기를 지날 때 도움이 될 효과적인 장·단기 대처전략의 사용법을 익혀둔다. 이것은 당신에게 즐거운 것, 편안한 것, 관심이 가는 것이 무엇인지 미리 파악하고 필요할 때 그것들을 할 준비를 한다는 뜻이다. 문제해결 기법을 사용하고 부정적인 행동을 피한다. 가족이나 친밀한 관계들의 좁은 길을 잘 빠져나가면서 최대한의 도움을 얻어내는 법을 배운다.

위의 모든 것들은 우울증 관리라는 정말 힘든 작업, 즉, 당신의 마음을 지배하고 자극하는 것처럼 보이는 부정적이고 왜곡된 생각과 내면의 소리들을 통제하는 법을 익힐 수 있도록 해준다. 이것은 쉬운 일이 아니고, 그 기술을 익히기 위해 몇 년이 걸릴 수도 있다. 부정적인 사고가 나타났을 때 인식하고, 그것이 사실이 아니라 우울증적 말하기일 뿐이라는 것을 이해한다. 부정적인 사고를 비판적으로 검토하고 더 현실적인 사고로 바꾸는 법을 배운다. 부정적 사고의 원천을 이해하면, 그것이 당신의 생각과 그에 뒤이어 기분에 미치게 되는 영향력을 빼앗을 수 있다.

우울하고 아무 희망도 없을 때 질병을 관리하기 위한 이런 권고사항을 어떻게 따를 수 있을지 궁금할 것이다. 이런 훈련들에서 최대한의 이득을 얻을 것이라고 믿으면 도움이 되겠지만, 믿지 않아도 괜찮다. 그냥 연습하라. 자신의 미래에 희망이 느껴지지 않는다면, 당신이 존경하는 누군가, 당신을 알고 이해하는 누군가에게서 희망을 빌려 오자. 이렇게 이야기하자. "존이 나에게 희망이 있대! 그 사람은 바보가 아니니까." 결국은 그 희망이 당신의 것이 되어 있음을 발견하게 될 것이다.

한 번 읽는 것으로 이 내용들을 모두 익힐 것이라고 기대하지는 말자. 이 접근방법들을 배우고 생활 속에 녹여내려면 충분한 시간과 연습이 필요하다. 기분장애 관리란 그 질병에 관해 배우고 증상에 대처하기 위한 전략을 세운다는 뜻이다. 당신이 지닌 증상들을 다루기 위해서 이 책에 나온 방법과 전략, 기술을 매일 사용해보는 것이다. 질병 관리를 위해서는 증상을 관찰하고, 부정적인 생각을 검토하며, 문제해결 기술을 사용하고, 적응하고, 부정적인 행동을 피해야 한다. 이것은 엄청난 일이다. 사실 지금은 너무 힘들어 보일 수도 있다. 그러나 시간을 들여 연습한다면, 이 책에서 살핀 모든 단계들을 달성할 수 있다. 더 중요한 것은 그것들이 당신이 느끼는 방식에 변화를 만들어낼 것이라는 점이다. 이에 관해서 치료진과 함께 작업하자.

책에 나온 항목들을 가끔씩 다시 보아야 한다고 해도 놀라지 말자. 다시 보고 연습하는 것은 새로운 기술을 배울 때 우리 모두 하는 일이다. 이 책은 우울증 관련 주제들을 한 번에 하나씩 소개하고, 당신의 삶에 관련된 구체적인 훈련법과 예시들을 사용함으로써 그 자료들을 더 잘 이해하도록 고안되었다. 마지막으로, 이 책은 나중에 필요할 때 자료를 검토할 수 있는 참고자료이다. 가슴에 와닿는 항목, 그러니까 당신의 상황에서 특히 익숙한 항목을 발견한다면, 잠시 머무르며 그것에 관해 생각해본다. 그것이 당신과 어떻게 연관되는지 생각해본다. 당신의 치료사나 의사와 함께 논의해볼 만한 좋은 예가 될 수도 있다.

자신을 돌보는 데 적극적으로 참여하는 사람들이 회복과 유지의 가능성이 높다는 것을 기억하자. 그러니 계속 연습하자. 기분의 변화를 알아차리는 데 시간이 걸릴 수도 있고, 그 때문에 이 책에서 살펴본 권고사항들을 따르려는 의지에 문제가 생기더라도 이해할 만하다. 이렇게 하는 것이 고생으로 느껴질 수 있다. 그저 '행동이 의지보다 먼저'라는 것을 기억하자. 오늘 그럴 기분이 들든 아니든 그 단계를 실행해보자.

부디 당신에게 행운이 있기를!

고통 감내 distress tolerance

고통 감내는 위기 순간이 지나갈 때까지, 잠시 동안 극심한 고통을 참아내는 능력이다. 이것은 직접 상황을 바꿀 수 없는 고통스러운 시간을 잠시 버텨내는 전략이다. 고통 감내 전략에는 관심 돌리기, 자기위로, 힘든 순간 개선하기 같은 기술들이 있다.

기분장애 mood disorders

기분장애는 주요우울장애와 양극성장애를 포함하는 용어로서 기분이나 마음의 상태에 장애가 생기는 뇌의 문제를 뜻한다.

대사증후군 metabolic syndrome

우울증이 있는 경우 약 40퍼센트에서 나타나는 신체적 문제인 대사증후군은 다음의 다섯 가지 심혈관계 위험요소 중 세 가지 이상으로 구성된다. 중심부(복부) 비만, 고혈압, 고지혈증, '좋은' HDL 콜레스테롤 저하, 높은 공복혈당이 그것이다. 대사증후군이 있으면 심근경색, 뇌졸중, 당뇨의 위험성이 높아진다.

대처전략 coping strategies

대처전략은 스트레스의 효과를 줄이고 스트레스 유발요인에 대한 취약성을 줄이기 위해 적극적으로 취할 수 있는 전략들이다. 대처에는 문제해결, 자기위로, 이완, 관심 돌리기, 유머, 마음챙김 명상 등의 기법들이 포함된다.

수면위생 sleep hygiene

수면위생은 잠을 자는 데 도움이 되는 개인적 습관, 행동, 환경(집안) 상태를 일컫는다. 이런 습관들에 주의함으로써 수면의 질과 양을 개선할 수 있다. 우울 삽화 중에는 수면양상이 흐트러지기 쉬우므로 수면위생 수칙들에 주의를 기울이는 것이 중요하다.

안녕감 well-being

'안녕한 느낌'은 증상이 없는 상태 그 이상이며, 만족감을 불러일으키는 삶의 기술들을 지닌 것이다. 그것은 당신 자신보다 더 큰 것에 속해 있는 느낌을 준다. '잘 삶wellness'은 자신의 온전한 잠재력에 대한 깨달음, 시간에 따른 향상, 긍정적 관계, 독립성과 삶에 대한 통제감, 유능감과 성취감, 자신에 대한 좋은 느낌 등을 포함한다.

양극성장애 bipolar disorder

양극성장애 또는 조울병은 일상생활에 중대한 영향을 미치고 재발과 관해를 반복하지만, 치료 가능한 기분장애다. 주요우울장애와 마찬가지로 뇌의 뉴런(뇌세포) 네트워크의 기능장애로 발생한다고 생각된다. 양극성장애는 극단적으로 고양된 기분이나 과민성을 보이는 주기적인 삽화와 주기적인 우울삽화가 번갈아감 나타나는 것이 특징이다.

사고 왜곡 thought distorions

사고 왜곡이란, 사건에 대한 해석을 다른 방향으로 비트는 사고에서의 오류들이다. 인지행동치료는 우울증에 동반되는 이 부정적이고 왜곡된 사고들을 검토하고 대체하기 위해 일련의 훈련법들을 활용한다.

우울증 depression

우울증은 삽화들이 나타났다 사라지는 재발과 관해를 반복하나 치료 가능한 질병이다. 우울증은 당신의 사고, 감정, 행동, 관계, 활동, 흥미와 삶의 다른 많은 영역들에 영향을 준다. 이 질병은 뇌의 뉴런(뇌세포) 네트워크에서의 기능장애와 관련 있는 것으로 생각된다. 이 기능장애는 취약한 개인에게 특정한 인생경험이 발생할 때 일어나기도 한다.

위험징후 warning signs

위험징후는 우울증이나 조증 삽화에 앞서 나타나며 건강한 기저자아에서 분명하게 벗어나는 변화들이다.

유발요인 triggers

유발요인은 고통을 유발하고 우울 증상의 증가로 이어질 수 있는 사건이나 상황들을 의미한다.

인지 왜곡 cognitive distortions

사고의 왜곡이란 상황에 대한 해석을 다른 방식으로 비트는 사고에서의 오류들이다. 이것은 우울증에서 흔히 일어난다. 인지행동치료는 우울증에 동반되는 부정적이고 왜곡된 생각들을 비판하고 대체하는 훈련들을 활용한다.

인지행동치료 cognitive behavioral therapy(CBT)

인지행동치료는 일종의 상담치료(심리치료)로서 사고와 감정, 행동 사이의 연관관계를 들여다본다. 인지행동치료에서는 왜곡된 사고 양상과 부정확한 신념, 문제적인 행동을 알아내고 바꾸는 방법을 배운다.

자동적인 부정적 사고 automatic negative thoughts

우울증에 빠진 마음은 곧장 부정적인 생각으로 넘어가고, 대개 고통을 불러온다. 이것들은 "나는 실패했다"나 "나는 제대로 하는 게 없다" 따위의 극단적으로 부정적인 방향으로 왜곡된 생각들이다. 이것이 발생하는 이유는 첫째, 우울하면 부정적인 사건들이 당신의 사고를 지배하며, 둘째, 우울한 마음이 세상을 부정적으로 해석하고 왜곡하거나 비틀어 이를 통해 부정적인 사고를 만들어내기 때문이다. 이 사고들은 일부러 떠올리는 것이 아니라 저절로 떠오른다. 자동적인 부정적 사고는 현실의 정확한 반영이 아니다. 그것들은 왜곡이다.

재발방지 실행계획 Action Plan for Relapse Prevention

재발방지 실행계획이라는 개입방법은 우울증의 악화나 재발을 다룰 때 도움이 될 자기돌봄 계획을 적은 것이다. 의사와 함께 만드는 전략이다. 미리 그 내용을 작성해서 우울 증상이 심해지기 시작하는 경우를 대비한다. 이 실행계획은 당신의 유발요인과 위험징후를 파악하는 데 도움이 된다. 우울 또는 조증 삽화가 강하게 나타날 때 관리하고, 대처하고, 벗어나기 위한 단계들을 개괄한다. 이 실행계획에는 이런 시기에 도움을 청할 수 있는 의료인, 가족, 친구들의 명단도 들어간다.

재발방지 relapse prevention

재발방지는 재발, 또는 증상의 되풀이 가능성을 최소화하고 잘 지낼 수 있도록 도와주는 효과적인 생활방식이다. 재발방지란 위험징후나 유발요인, 증상의 변화를 제때 파악하고 그에 대응하는 것을 의미한다. 이를 통해 정서적 건강에 중대한 변화가 일어나고 있을 때 조치를 취할 수 있다. 조기 파악과 개입을 통해 삽화의 악화를 예방할 수 있다.

정신운동성 초조 psychomotor agitation

정신운동성 초조는 과도한 신체적·정신적(또는 인지적) 활동이 동시에 일어나는 복합적 상태로 묘사되는 증상이다. 이 증상에는 주로 목적이 없고 생산적이지 않다. 이 초조함은 양극성장애의 조증이나 경조증과 같은 일부 정신건강 문제의 증상일 수도 있다.

공유의사결정 shared decision making

공유의사결정은 당신이 치료진과 협력해서 의료적 결정을 내리는 과정이다. 이 과정은 당신의 개인적 목표와 선호, 가치관을 고려해 진행된다.

<< 함께 읽으면 좋은 책 >>

※국내에 번역 출간된 도서는 번역된 도서명과 서지 정보를 괄호 안에 표시했다.

의학서

Aleem, Ashley, Jennifer Bahr, Colin Depp, et al. *Healthy Living with Bipolar Disorder*. San Diego, CA: International Bipolar Foundation, 2017.

Beck, Aaron T., A. John Rush, Brian F. Shaw, and Gary Emery. *Cognitive Therapy of Depression*. New York: Guilford Press, 1979. (아론 벡 지음, 원호택 옮김, 『우울증의 인지치료』, 학지사, 2005)

Burns, David. *Feeling Good: The New Mood Therapy*. New York: Avon Books, 1980. (데이비드 D. 번즈 지음, 차익종 · 이미옥 옮김, 『필링 굿』, 아름드리미디어, 2019)

Copeland, Mary Ellen. *The Depression Workbook: A Guide for Living with Depression and Manic Depression*. Oakland, CA: New Harbinger, 2001. (매리 앨런 코프랜드 지음, 김동일 옮김, 『우울증 상담 워크북』, 교육과학사, 2011)

Copeland, Mary Ellen. *Living without Depression and Manic Depression: A Workbook for Maintaining Mood Stability*. Oakland, CA: New Harbinger, 1994.

Fung, Teresa. *Healthy Eating: A Guide to the New Nutrition. A Harvard Medical School Special Health Report*. Boston: Harvard Health Publications, 2016.

Jacobs, Gregg D. *Say Goodnight to Insomnia*. New York: Owl Books, 1998. (그렉 제이콥스 지음, 조윤경 옮김, 『하버드 불면증 수업』, 예문, 2019)

MacKinnon, Dean F. *Still Down: What to Do When Antidepressants Fail*. Baltimore: Johns Hopkins University Press, 2016.

Mindfulness: The New Science of Health and Happiness. New York: Time Special Edition, 2017.

Newman, Cory F., Robert L. Leahy, Aaron T. Beck, and Noreen A.
　　Reilly-Harrington. *Bipolar Disorder: A Cognitive Therapy Approach*.
　　Washington, DC: American Psychological Association, 2002.

Noonan, Susan J. *When Someone You Know Has Depression: Words to Say and
　　Things to Do*. Baltimore: Johns Hopkins University Press, 2016.

Sichel, Deborah, and Jeanne W. Driscoll. *Women's Moods: What Every Woman Must
　　Know about Hormones, the Brain, and Emotional Health*. New York: Quill, 1999.

Sylvia, Louisa Grandin. *The Wellness Workbook for Bipolar Disorder: Your Guide to
　　Getting Healthy and Improving Your Mood*. Oakland, CA: New Harbinger, 2015.

Young, Jeffrey E., and Janet S. Klosko. *Reinventing Your Life*. New York: Penguin,
　　1994. (제프리 E. 영 지음, 최영민 옮김, 『새로운 나를 여는 열쇠』, 열음사, 2004)

회고록

Casey, Nell. *Unholy Ghost: Writers on Depression*. New York: William Morrow,
　　2001.

Ferris, Amy, ed. *Shades of Blue: Writers on Depression, Suicide and Feeling Blue*.
　　Berkeley, CA: Seal Press, 2015.

Jamison, Kay Redfield. *Night Falls Fast: Understanding Suicide*. New York: Vintage
　　Books, 2000. (케이 레드필드 재미슨 지음, 박민철 옮김, 『자살의 이해』, 하나의학사, 2012)

Jamison, Kay Redfield. *Touched with Fire: Manic Depressive Illness and the Artistic
　　Temperament*. New York: Free Press, 1993.

Jamison, Kay Redfield. *An Unquiet Mind: A Memoir of Mood and Madness*. New
　　York: Vintage Books, 1995. (케이 레드필드 재미슨 지음, 박민철 옮김, 『조울병 나는 이렇게 극복했다』, 하나
　　의학사, 2005)

Manning, Martha. *Undercurrents: A Life beneath the Surface*. New York:
　　HarperOne, 1995.

Styron, William. *Darkness Visible: A Memoir of Madness*. New York: Vintage Books,
　　1990. (윌리엄 스타이런 지음, 임옥희 옮김, 『보이는 어둠』, 문학동네, 2011)

Thompson, Tracy. *The Beast: A Journey through Depression*. New York: Plume,
　　1996.

명상

Benson, Herbert. *Beyond the Relaxation Response*. New York: Berkley Books, 1984.
(허버트 밴슨 지음, 장현갑 · 장주영 · 김대곤 옮김, 『하버드의대 밴슨 박사가 제시하는 과학 명상법』, 학지사, 2003)

Benson, Herbert. *The Relaxation Response*. Rev. ed. New York: Harper, 2000. (허버트 밴슨 지음, 양병찬 옮김, 『이완반응』, 페이퍼로드, 2020)

Kabat-Zinn, Jon. *Wherever You Go, There You Are*. New York: Hyperion, 1994. (존 카밧진 지음, 김선경 옮김, 『나는 지금 어디에 있는가』, 물푸레, 2005)

의사소통 기술

Booher, Dianna. *Communicate with Confidence: How to Say It Right the First Time*.
New York: McGraw-Hill, 1994. (다이애너 부허 지음, 정지현 옮김, 『상대적이며 절대적인 대화 사전』, 토네이도, 2012)

Davidson, Jeff. *The Complete Idiot's Guide to Assertiveness*. New York: Alpha Books, 1997.

Fine, Debra. *The Fine Art of Small Talk*. New York: Hyperion, 2005.
(데브라 파인 지음, 김미옥 옮김, 『스몰 토크』, 21세기북스, 2007)

Yeung, A., G. Feldman, and M. Fava. *Self-Management of Depression: A Manual for Mental Health and Primary Care Professionals*. New York: Cambridge University Press, 2010.

<< 참고문헌 >>

프롤로그

Bodenheimer, T., K. Lorig, H. Holman, et al. Patient self-management of chronic disease in primary care. JAMA 2002;288(19):2469–75.

Ludman, E., W. Katon, T. Bush, et al. Behavioural factors associated with symptom outcomes in a primary care-based depression prevention intervention trial. Psychol Med 2003;33(6): 1061–70.

Styron, William. *Darkness Visible: A Memoir of Madness*. New York: Vintage Books, 1990.

Yeung, A., G. Feldman, and M. Fava. *Self-Management of Depression: A Manual for Mental Health and Primary Care Professionals*. New York: Cambridge University Press, 2010.

Chapter 01. 정신건강의 기초

수면위생

American Academy of Sleep Medicine. *Healthy Sleep Habits*. Updated February 9, 2017. www.sleepeducation.org/essentials-in-sleep/healthy-sleep-habits.

Goodwin, F. K., and K. R. Jamison. *Manic-Depressive Illness*. 2nd ed. New York: Oxford University Press, 2007.

Tsuno, N., S. Besset, and K. Ritchie. Sleep and depression. J Clin Psychiatry 2005;66(10):1254–69.

US National Institutes of Health and National Heart, Lung, and Blood Institute. *Your Guide to Healthy Sleep*. Bethesda, MD: NHLBI, 2011.

www.nhlbi.nih.gov/files/docs /public/sleep/healthy_sleep.pdf.

Winkelman, J. W. Insomnia disorder. N Engl J Med 2015;373(15):1437–44.

Winkelman, J. W., and D. T. Plante, eds. *Foundations of Psychiatric Sleep Medicine*. New
York: Cambridge University Press, 2011.

식습관

Bodnar, L. M., and K. L. Wisner. Nutrition and depression: Implications for improving
mental health among childbearing-aged women. Biol Psych 2005;58(9):679–85.

Fava, M. Weight gain and antidepressants. J Clin Psychiatry 2000;61(suppl 11):37–41.

Hirschfeld, R. M. A. Long-term side effects of SSRI's: Sexual dysfunction and weight gain. J
Clin Psychiatry 2003;64(suppl 18):20–24.

Jacka, F. N., J. A. Pasco, A. Mykletun, et al. Association of western and traditional diets with
depression and anxiety in women. Am J Psychiatry 2010;167(3):305–11.

Nielsen, S. J., and B. M. Popkin. Patterns and trends in food portion sizes, 1977–1998. JAMA
2003;289(4):450–53.

O'Meara, M. Effect of dietary intake on mood and energy level. Personal communication.
April 2016.

Papakostas, G. I. Limitations of contemporary antidepressants: Tolerability. J Clin Psychiatry
2007;68(suppl 10):11–17.

US Department of Agriculture and US Department of Health and Human Services. *Dietary
Guidelines for Americans, 2015–2020*. 8th ed. Washington, DC: Government Printing
Office, 2015. www.health.gov/dietaryguidelines/2015/guidelines.

신체 운동

Babyak, M., J. A. Blumenthal, S. Herman, et al. Exercise treatment for major depression:
Maintenance of therapeutic benefit at 10 months. Psychosom Med 2000;62(5):633–38.

Cotman, C. W., N. C. Berchtold, and L. A. Christie. Exercise builds brain health: Key roles of
growth factor cascades and inflammation. Trends Neurosci 2007;30(9):464–72.

Dunn, A. L., M. H. Trivedi, J. B. Kampert, et al. Exercise treatment for depression: Efficacy
and dose response. Am J Prev Med 2005;28(1):1–8.

Garber, C. E., B. Blissmer, M. R. Deschenes, et al. American College of Sports Medicine
Position Stand: Quantity and quality of exercise for developing and maintaining

cardiorespiratory, musculoskeletal, and neuromotor fitness in apparently healthy adults: Guidelines for prescribing exercise. Med Sci Sports Exerc 2011;43(7):1334–59.

Gelenberg, A. J., M. P. Freeman, J. C. Markowitz, et al. *Practice Guideline for the Treatment of Patients with Major Depressive Disorder.* 3rd ed. Washington, DC: American Psychiatric Association, October 2010.

Haskell, W. L., I. M. Lee, R. R. Pate, et al. Physical activity and public health: Updated recommendation for adults from the American College of Sports Medicine and the American Heart Association. Circulation 2007;116(9):1081–93.

Mead, G. E., W. Morley, P. Campbell, et al. Exercise for depression. Cochrane Database Syst Rev 2009(3):CD004366.

Ratey, J. J., and E. Hagerman. *Spark: The Revolutionary Science of Exercise and the Brain.* New York: Little, Brown, 2008.

Rethorst, C. D., I. Bernstein, and M. H. Trivedi. Inflammation, obesity and metabolic syndrome in depression: Analysis of the 2009–2010 National Health and Nutrition Examination Survey (NHANES). J Clin Psychiatry 2014;75(12):e1428–32.

Rethorst, C. D., D. M. Landers, C. T. Nagoshi, and J. T. Ross. Efficacy of exercise in reducing depressive symptoms across 5- HTTLPR genotypes. Med Sci Sports Exerc 2010;42(11):2141–47.

Rethorst, C. D., and M. H. Trivedi. Evidence-based recommendations for the prescription of exercise for major depressive disorder. J Psychiatr Pract 2013;19(3):204–12.

Rethorst, C. D., B. M. Wipfli, and D. M. Landers. The antidepressant effects of exercise: A meta-analysis of randomized trials. Sports Med 2009;39(6):491–511.

Sylvia, L. G. *The Wellness Workbook for Bipolar Disorder.* Oakland, CA: New Harbinger, 2015.

Trivedi, M. H., T. L. Greer, T. S. Church, et al. Exercise as an augmentation treatment for nonremitted major depressive disorder: A randomized, parallel dose comparison. J Clin Psychiatry 2011;72(5):677–84.

US Centers for Disease Control and Prevention. *Physical Activity.* Last updated November 1, 2017. www.cdc.gov/physicalactivity.

US Department of Health and Human Services. *Physical Activity Guidelines for Americans.* HHS, 2008. www.health.gov/paguidelines/guidelines.

Yeung, A., G. Feldman, and M. Fava. *Self-Management of Depression: A Manual for Mental Health and Primary Care Professionals.* New York: Cambridge University Press, 2010.

생활 계획과 고립

Frank, E. Interpersonal and social rhythm therapy: A means of improving depression and preventing relapse in bipolar disorder. J Clin Psychol 2007;63(5):463–73.

Frank, E., S. Hlastala, A. Ritenour, et al. Inducing lifestyle regularity in recovering bipolar disorder patients: Results from the maintenance therapies in bipolar disorder protocol. Biol Psychiatry 1997;41(12):1165–73.

Kendler, K. S., J. Myers, and C. A. Prescott. Sex differences in the relationship between social support and risk for major depression: A longitudinal study of opposite-sex twin pairs. Am J Psychiatry 2005;162(2):250–56.

Chapter 02. 기분장애에 대한 이해

aan het Rot, M., K. A. Collins, J. W. Murrough, et al. Safety and efficacy of repeateddose intravenous ketamine for treatment-resistant depression. Biol Psychiatry 2010;67(2):139–45.

Al-Harbi, K. S. Treatment resistant depression: Therapeutic trends, challenges, and future directions. Patient Prefer Adherence 2012;6:369–88.

American Psychiatric Association. *Diagnostic and Statistical Manual of Mental Disorders.* 5th ed. Washington, DC: American Psychiatric Association, 2013.

Andrade, A. C. Intranasal drug delivery in neuropsychiatry: Focus on intranasal ketamine for refractory depression. J Clin Psychiatry 2015;76(5):e628-31.

Beck, A. T., and B. A. Alford. *Depression: Causes and Treatment.* Philadelphia: University of Pennsylvania Press, 2009.

Berlim, M. T., and G. Turecki. Definition, assessment, and staging of treatmentresistant refractory major depression: A review of current concepts and methods. Can J Psychiatry 2007;52(1):46–54.

Conway, C. R., M. S. George, and H. S. Sackeim. Toward an evidence-based, operational definition of treatment-resistant depression: When enough is enough. JAMA Psychiatry 2017;74(1):9–10.

Crowther, A., M. J. Smoski, J. Minkel, et al. Resting-state connectivity predictors of response to psychotherapy in major depressive disorder. Neuropsychopharmacology 2015;40(7):1659–73.

Fava, M., J. E. Alpert, C. N. Carmin, et al. Clinical correlates and symptom patterns of anxious depression among patients with major depressive disorder in STAR*D. Psychol Med 2004;34(7):1299–1308.

Goodwin, F. K., and K. R. Jamison. *Manic-Depressive Illness*. 2nd ed. New York: Oxford University Press, 2007.

Hyde, C. L., M. W. Nagle, C. Tian, et al. Identification of 15 genetic loci associated with risk of major depression in individuals of European descent. Nat Genet 2016;48(9):1031–36. doi:10.1038/ng.3623.

Kendler, K. S., M. Gatz, C. O. Gardner, and N. L. Pedersen. A Swedish national twin study of lifetime major depression. Am J Psychiatry 2006;163(1):109–14.

Lapidus, K. A. B., C. F. Levitch, A. M. Perez, et al. A randomized controlled trial of intranasal ketamine in major depressive disorder. Biol Psychiatry 2014;76(12):970–76.

MacKinnon, D. F. *Still Down: What to Do When Antidepressants Fail*. Baltimore: Johns Hopkins University Press, 2016.

Marcus, S. A. M., E. A. Young, K. B. Kerber, et al. Gender differences in depression: Findings from the STAR*D study. J Affect Disord 2005;87(2–3):141–50.

Murrough, J. W., D. V. Iosifescu, L. C. Chang, et al. Antidepressant efficacy of ketamine in treatment-resistant major depression: A two-site randomized controlled trial. Am J Psychiatry 2013;170(10):1134–42.

Newport, D. J., L. L. Carpenter, W. M. McDonald, et al. American Psychiatric Association(APA) Council of Research Task Force on Novel Biomarkers and Treatments. Ketamine and other NDMA antagonists. Am J Psychiatry 2015;172(10):950–66.

Nierenberg, A. A., and L. M. DeCecco. Definitions of antidepressant treatment response, remission, nonresponse, partial response, and other relevant outcomes: A focus on treatment-resistant depression. J Clin Psychiatry 2001;62(suppl 16):5–9.

Rush, A. J., M. H. Trivedi, S. R. Wisniewski, et al. Acute and longer-term outcomes in depressed outpatients requiring one or several treatment steps: A STAR*D Report. Am J Psychiatry 2006;163(11):1905–17.

Sanacora, G. M., A. Frye, W. McDonald, et al. American Psychiatric Association (APA) Council of Research Task Force on Novel Biomarkers and Treatments. A consensus statement on the use of ketamine in the treatment of mood disorders. JAMA Psychiatry 2017; 74(4): 399 –405.

Saveanu, R. V., and C. B. Nemeroff. Etiology of depression: Genetic and environmental factors. Psychiatr Clin North Am 2012;35(1):51–71.

Stein, M. B., and J. Sareen. Generalized anxiety disorder. N Engl J Med 2015;373(21):2059–68.

Sullivan, P. F., M. C. Neale, and K. S. Kendler. Genetic epidemiology of major depression: Review and meta-analysis. Am J Psychiatry 2000;157(10):1552–62.

Trevino, K., S. M. McClintock, N. McDonald Fisher, et al. Defining treatment-resistant depression: A comprehensive review of the literature. Ann Clin Psychiatry 2014;26(3):222–32.

Trivedi, M. H., A. J. Rush, S. R. Wisniewski, et al. Evaluation of outcomes with citalopram for depression using measurement-based care in STAR*D: Implication for clinical practice. Am J Psychiatry 2006;163(1):28–40.

US National Institutes of Health. Ketamine lifts depression via a byproduct of its metabolism. Press Release, May 4, 2016. www.nimh.nih.gov.

Wan, L.-B., C. F. Levitch, A. M. Perez, et al. Ketamine safety and tolerability in clinical trials for treatment-resistant depression. J Clin Psychiatry 2015;76(3):247–52.

Wilkinson, S. T., and G. Sanacora. Considerations on the off-label use of ketamine as a treatment for mood disorders. JAMA 2017;318(9):793–94. doi:10.100/jama.2017.10697.

Yeung, A., G. Feldman, and M. Fava. *Self-Management of Depression: A Manual for Mental Health and Primary Care Professionals*. New York: Cambridge University Press, 2010.

여성 우울증과 남성 우울증

Barker, E. D., W. Copeland, B. Maughan, et al. Relative impact of maternal depression and associated risk factors on offspring psychopathology. Br J Psychiatry 2012;200(2):124–29.

Batten, L. A., M. Hernandez, D. J. Pilowsky, et al. Children of treatment-seeking mothers: A comparison with the sequenced treatment alternatives to relieve depression(STAR*D) child study. J Am Acad Child Adolesc Psychiatry 2012;51(11):1185–96.

Dubey, N., J. F. Hoffman, K. Schuebel, et al. The ESC/E(Z) complex, an effector of response to ovarian steroids, manifests an intrinsic difference in cells from women with premenstrual dysphoric disorder. Mol Psychiatry 2017;22(8):1172–84. doi:10:1038.

Martin, L. A., H. W. Neighbors, and D. M. Griffith. The experience of symptoms of depression in men vs women: Analysis of the National Comorbidity Survey replication. JAMA Psychiatry 2013;70(10):1100–106.

Pilowsky, D. J., P. J. Wickramme, A. J. Rush, et al. Children of currently depressed mothers: A STAR*D ancillary study. J Clin Psychiatry 2006;67(1):126–36.

Schmidt, P. J., R. Ben Dor, P. E. Martinez, et al. Effects of estradiol withdrawal on mood in women with past perimenopausal depression: A randomized clinical trial. JAMA Psychiatry 2015;72(7):714–26.

Sichel, D., and J. W. Driscoll. *Women's Mood's: What Every Woman Must Know about Hormones, the Brain, and Emotional Health*. New York: Quill, 1999.

Stewart, D. E., and S. Vigod. Postpartum depression. N Engl J Med 2016;375(22):2177–85.

US National Institutes of Health. Sex hormone-sensitive gene complex linked to premenstrual mood disorder. Press Release, January 3, 2017. www.nimh.nih.gov.

피로와 우울

Arnold, L. M. Understanding fatigue in major depressive disorder and other medical disorders. Psychosomatics 2008;49(3):185–90.

Baldwin, D. S., and G. I. Papakostas. Symptoms of fatigue and sleepiness in major depressive disorder. J Clin Psych 2006;67(suppl 6):9–15.

Nierenberg, A. A., M. M. Husain, M. H. Trivedi, et al. Residual symptoms after remission of major depressive disorder with citalopram and risk of relapse: A STAR*D report. Psychol Med 2010;40(1):41–50.

Nierenberg, A. A., B. R. Keefe, V. C. Leslie, et al. Residual symptoms in depressed patients who respond acutely to fluoxetine. J Clin Psych 1999;60(4):221–25.

Tylee, A., M. Gastpar, J.-P. Lepine, et al., on behalf of the DEPRES Steering Committee. DEPRES II (Depression Research in European Society II): A patient survey of the symptoms, disability and current management of depression in the community. Int Clin Psychopharmacol 1999;14(3):139–51.

Chapter 03. 우울증 치료를 방해하는 요인들

Substance Abuse and Mental Health Services Administration (SAMHSA). Recovery and Recovery Support. Last updated September 20, 2017. www.samhsa.gov/recovery.

Beck, A. T., and B. A. Alford. *Depression: Causes and Treatment*. Philadelphia: University of Pennsylvania Press, 2009.

Fava, G. A., C. Rafanelli, S. Grandi, et al. Prevention of recurrent depression with cognitive behavioral therapy: Preliminary findings. Arch Gen Psychiatry 1998;55(9):816–20.

Goodwin, F. K., and K. R. Jamison. *Manic-Depressive Illness*. 2nd ed. New York: Oxford University Press, 2007.

Harley, R., S. Sprich, J. M. Safran, and M. Fava. Adaptation of dialectical behavioral therapy skills training group for treatment-resistant depression. J Nerv Ment Dis 2008;196(2):136–43.

Joint Commission. The Joint Commission launches educational campaign on adult depression. News Release, May 21, 2013.

Lin, E. H. B., M. Von Korff, E. J. Ludman, et al. Enhancing adherence to prevent depression relapse in primary care. Gen Hosp Psychiatry 2003;25(3):303–10.

Linehan, M. M. *Cognitive-Behavioral Treatment of Borderline Personality Disorder*. New York: Guilford Press, 1993.

Ludman, E., W. Katon, T. Bush, et al. Behavioural factors associated with symptom outcomes in a primary care-based depression prevention intervention trial. Psychol Med 2003; 33(6): 1061–70.

Nierenberg, A. A., T. J. Petersen, and J. A. Alpert. Prevention of relapse and recurrence in depression: The role of long-term pharmacotherapy and psychotherapy. J Clin Psychiatry 2003;64(suppl 15):13–17.

Paykel, E. S., J. Scott, J. D. Teasdale, et al. Prevention of relapse in residual depression by cognitive therapy: A controlled trial. Arch Gen Psychiatry 1999;56(9):829–35.

Petersen, T. J. Enhancing the efficacy of antidepressants with psychotherapy. J Psychopharmacol 2006;20(suppl 3):19–28.

Richards, C. S., and M. G. Perri, ed. *Relapse Prevention for Depression*. Washington, DC: American Psychological Association, 2010.

Simon, G. E., E. H. B. Lin, W. Katon, et al. Outcomes of "inadequate" antidepressant treatment. J Gen Intern Med 1995;10(12):663–70.

Teasdale, J. D., Z. V. Segal, J. M. G. Williams, et al. Prevention of relapse/recurrence in major depression by mindfulness-based cognitive therapy. J Consult Clin Psychol 2000;68(4):615–23.

Trivedi, M. H., E. H. B. Lin, and W. J. Katon. Consensus recommendations for improving adherence, self-management, and outcomes in patients with depression. CNS Spectr 2007;12(8 suppl 13):1–27.

Yeung, A., G. Feldman, and M. Fava. *Self-Management of Depression: A Manual for Mental Health and Primary Care Professionals*. New York: Cambridge University Press, 2010.

Chapter 06. 치료 목표 정하기

Ryff, C. D. Psychological well-being revisited: Advances in science and practice. Psychother Psychosom 2014;83(1):10–28.

Sylvia, L. G. *The Wellness Workbook for Bipolar Disorder*. Oakland, CA: New Harbinger, 2015.

Chapter 07. 재발방지 전략

American Psychiatric Association. *Diagnostic and Statistical Manual of Mental Disorders*. 5th ed. Washington, DC: American Psychiatric Association, 2013.

Beck, A. T., and B. A. Alford. *Depression: Causes and Treatment*. Philadelphia: University of Pennsylvania Press, 2009.

Fava, G. A., C. Rafanelli, S. Grandi, et al. Prevention of recurrent depression with cognitive behavioral therapy. Arch Gen Psychiatry 1998;55(9):816–20.

Frank, E. Interpersonal and social rhythm therapy: A means of improving depression and preventing relapse in bipolar disorder. J Clin Psychol 2007;63(5):463–73.

Frank, E., S. Hlastala, A. Ritenour, et al. Inducing lifestyle regularity in recovering bipolar disorder patients: Results from the maintenance therapies in bipolar disorder protocol. Biol Psychiatry 1997;41(12):1165–73.

Ludman, E., W. Katon, T. Bush, et al. Behavioural factors associated with symptom outcomes in a primary care-based depression prevention intervention trial. Psychol Med 2003;33(6):1061–70.

Paykel, E. S., J. Scott, J. D. Teasdale, et al. Prevention of relapse in residual depression by cognitive therapy: A controlled trial. Arch Gen Psychiatry 1999;56(9):829–35.

Petersen, T. J. Enhancing the efficacy of antidepressants with psychotherapy. J

Psychopharmacol 2006;20(suppl 3):19–28.

Richards, C. S., and M. G. Perri, eds. *Relapse Prevention for Depression*. Washington, DC: American Psychological Association, 2010.

Teasdale, J. D., Z. V. Segal, J. M. G. Williams, et al. Prevention of relapse/recurrence in major depression by mindfulness-based cognitive therapy. J Consult Clin Psychol 2000;68(4):615–23.

Chapter 08. 인지행동치료

Beck, A. T., and B. A. Alford. *Depression: Causes and Treatment*. Philadelphia: University of Pennsylvania Press, 2009.

Beck, A. T., A. J. Rush, B. F. Shaw, and G. Emery. *Cognitive Therapy of Depression*. New York: Guilford Press, 1979.

Burns, David. *Feeling Good: The New Mood Therapy*. New York: Avon Books, 1980.

Goodwin, F. K., and K. R. Jamison. *Manic-Depressive Illness*. 2nd ed. New York: Oxford University Press, 2007.

Sudak, D. M. Cognitive behavioral therapy for depression. Psychiatr Clin North Am 2012;35(1):99–110.

Chapter 09. 힘든 시기를 지나는 법

Benson, Herbert. *The Relaxation Response*. Rev. ed. New York: Harper, 2000.

Styron, William. *Darkness Visible: A Memoir of Madness*. New York: Vintage Books, 1990.

Booher, Dianna. *Communicate with Confidence: How to Say It Right the First Time*. New York: McGraw-Hill, 1994.

Davidson, Jeff. *The Complete Idiot's Guide to Assertiveness*. New York: Alpha Books, 1997.

Fine, Debra. *The Fine Art of Small Talk*. New York: Hyperion, 2005.

Kabat-Zinn, Jon. *Wherever You Go, There You Are*. New York: Hyperion, 1994.

Linehan, M. M. *Cognitive-Behavioral Treatment of Borderline Personality Disorder*. New York: Guilford Press, 1993.

Linehan, M. M. *Skills Training Manual for Treating Borderline Personality Disorder*. New York:

Guilford Press, 1993.

Mindfulness: The New Science of Health and Happiness. New York: Time Special Edition, 2017.

Segal, Z. V., J. M. G. Williams, and J. D. Teasdale. *Mindfulness-Based Cognitive Therapy for Depression*. New York: Guilford Press, 2002.

Yeung, A., G. Feldman, and M. Fava. *Self-Management of Depression: A Manual for Mental Health and Primary Care Professionals*. New York: Cambridge University Press, 2010, app. C.

Chapter 10. 가족과 친구 대하기

Sylvia, L. G. *The Wellness Workbook for Bipolar Disorder*. Oakland, CA: New Harbinger, 2015.

에필로그

American Psychological Association. *What You Need to Know before Choosing Online Therapy*. Washington, DC: American Psychological Association, 2017.

Arean, Patricia. A BRIGHT technological future for mental health trials: The BRIGHTEN study. Science Update, February 19, 2016. www.nimh.nih.gov/news/science-news/2016/a-bright-technological-future-for-mental health trials.shtml.

Christensen, H. K., M. Griffiths, and A. Korten. Web-based cognitive behavior therapy: Analysis of site usage and changes in depression and anxiety scores. J Med Internet Res 2002;4(1):e3.

Firth, J., J. Torous, J. Nicholas, et al. The efficacy of smartphone-based mental health interventions for depressive symptoms: A meta-analysis of randomized controlled trials. World Psychiatry 2017;16(3):287–98.

Franklin, J. C., K. R. Fox, C. R. Franklin, et al. A brief mobile app reduces nonsuicidal and suicidal self-injury: Evidence from three randomized controlled trials. J Consult Clin Psychol 2016;84(6):544–57.

Harrison, V., J. Proudfoot, P. P. Wee, et al. Mobile mental health: Review of the emerging field and proof of concept study. J Ment Health 2011;20(6):509-24.

옮긴이_ **류초롱**

연세대학교 학부와 동대학원에서 심리학과 문화연구를 공부했고, 현재는 바른번역 소속 전문번역가로
활동 중이다. 옮긴 책으로『방구석 심리학 실험실』,『이기는 사람은 악마도 설득한다』,『뉴스킷 수도원
의 강아지 훈련법』등이 있다.

기분을 관리하면
당신도 잘 살 수 있습니다

초판 1쇄 인쇄 2022년 6월 28일
초판 1쇄 발행 2022년 7월 10일

지은이 수전 J. 누난 **옮긴이** 류초롱 **감수** 양용준
펴낸이 김종길 **펴낸 곳** 글담출판사 **브랜드** 아날로그

기획편집 이은지 · 이경숙 · 김보라 · 김윤아 **마케팅** 김상윤
디자인 박윤희 **홍보** 정미진 · 김민지 **관리** 한미정

출판등록 1998년 12월 30일 제2013-000314호
주소 (04029) 서울시 마포구 월드컵로 8길 41(서교동)
전화 (02) 998-7030 **팩스** (02) 998-7924
페이스북 www.facebook.com/geuldam4u **인스타그램** geuldam
블로그 http://blog.naver.com/geuldam4u

ISBN 979-11-87147-96-1 (03180)
＊ 책값은 뒤표지에 있습니다.
＊ 잘못된 책은 구입하신 곳에서 바꾸어 드립니다.

만든 사람들 ─────────────
책임편집 김보라 **디자인** 정현주

글담출판에서는 참신한 발상, 따뜻한 시선을 가진 원고를 기다리고 있습니다.
원고는 글담출판 이메일을 이용해 보내주세요. 여러분의 소중한 경험과 지식을 나누세요.
이메일 geuldam4u@naver.com